동북아정세의 변화와 남북중 협력의 모색

한중 동북아지역 협력세미나 5주년 기념

동북아정세의 변화와 남북중 협력의 모색

동서대학교 동아시아연구원 중국연구센터
& 지린대학교 동북아연구원 공편

东北亚局势的变化与南北中合作的探索

东西大学东亚研究院中国研究中心&吉林大学东北亚研究院共同编辑

산지니

출간사

　동서대학교 동아시아연구원 중국연구센터와 중국 지린대학교 동북아연구원 (吉林大學校 東北亞硏究院)이 공동으로 주최해온 한중 동북아지역 협력세미나가 올해로 5주년을 맞이하였습니다.

　그간 두 연구기관은, 비록 코로나19로 인하여 지난 2년간 온라인으로 세미나를 가질 수밖에 없었긴 하지만, 부산과 창춘(長春)에서 교대로 개최한 학술교류를 통하여, 부산과 한반도와 가장 밀접한 중국 동북 지방과의 상호 협력 방안을 논의함과 동시에 한반도 문제를 포함한 동북아 정세는 물론이고, 공통의 관심사인 북한 정세에 대한 평가와 더불어 남북중 3각 협력 방안에 대해서도 폭넓은 논의를 해왔습니다.

　이것은 좁게는 부산과 중국 동북지역, 넓게는 한중 협력과 남북중 협력을 모색하는 데 있어서 부산과 중국의 동북지역이 공통의 관심을 갖고 있으며, 두 연구기관이 이를 위해 의미 있는 역할을 하고 싶다는 것을 나타낸다고 하겠습니다.

　금년에 5번째 세미나를 개최하게 된 것을 계기로 이러한 저희들의 논의 내용을 외부의 관심 있는 분들과 공유한다는 뜻에서 동서대학교 중국연구센터와 지린대학교 동북아연구원은 양측 전문가들의 발표 내용을 정리하여 책으로 출간하게 되었습니다.

『동북아정세의 변화와 남북중 협력의 모색』이란 책 제목에서 보듯, 이 책은 크게 두 부분으로 구성되었습니다. 첫 번째는 동북아 정세의 변화 부분으로 바이든 정부 등장 이후 미중관계, 북중관계와 북한정세 특히 북한 경제의 현황과 전망 등 동북아 정세의 다양한 변화가 분석되었습니다. 두 번째는 남북중 협력 부분으로 부산의 신북방정책과 남북중협력, 남북중 에너지협력, 남북중 방역협력, 후쿠시마 핵문제 하의 남북중협력 방안, 포스트 코로나 시대의 남북중 협력, 부산-지린 민간네트워크 구축과 남북중 협력 등 다채로운 논의가 포함되었습니다.

이번 논의에는 김연철 전 통일부장관님을 비롯해서 한국과 중국 특히 부산경남과 지린을 대표하는 많은 전문가들이 참여해주셨습니다. 아무쪼록 이번 출간을 계기로, 양측 전문가들의 연구가 한층 깊이를 더하고, 보다 많은 분들이 부산지역과 중국 동북지역 간의 교류와 협력, 그리고 남북중 협력 방안에 대해 관심을 갖게 됨으로써 부산-중국 동북지역의 교류와 협력이 확대되며, 미래의 남북중 3자 협력의 초석이 마련되는 데 있어서 적은 도움이나마 될 수 있기를 기대합니다.

마지막으로 본 책자가 출간될 수 있도록 도와 주신 모든 분들에게 깊이 감사드리며, 앞으로 동서대학교와 지린대학교 간의 교류와 한중 동북아지역 협력세미나가 더욱 발전되기를 희망합니다.

동서대학교 동아시아연구원장
신정승

차례

제2부 남북중 협력

제1부

바이든 행정부에서의 미중관계와 동북아 정세

미중 전략경쟁 시대의 한반도 평화

김연철(인제대)

1. 새로운 인식의 필요성

평화는 주어지지 않고, 만들어야 한다. 평화로 가는 길은 여전히 멀고, 복잡하다. 한반도의 평화를 위해서는 우선 환경 변수를 검토할 필요가 있다. 현재 가장 중요한 변수는 미중 전략경쟁, 협소한 남북관계의 공간, 그리고 코로나19로 인한 보건 위기다.

미중 전략경쟁은 지금부터 시작이고, 점차 심해질 것이며, 장기적으로 한반도 평화에 부정적 영향을 미칠 것이다. 보건 위기는 언젠가 해소될 가능성이 높지만, 당분간 교류협력은 어렵다. 변화하는 정세를 충분히 읽고, 한반도 평화에 대한 새로운 상상력이 필요하다.

2. 한반도의 질서 변화

1) 미중 전략경쟁과 한반도

미중 전략경쟁이 심화되면서, 한반도 질서가 변화하고 있다. 미중의 전략경쟁은 통상·금융, 기술 패권, 군사 분야에서 포괄적으로 진행되고 있다. 핵심 기술 분야에서 국제적인 공급망을 둘러싼 경쟁은 한국의 입장에서 단기적으로 기회의 요소이지만, 장기적으로는 불투명성의 증가를 의미한다. 포괄 안보의 측면에서 기술 경쟁력의 확보를 위한 산업정책이 필요하다.

군사 분야에서 미중 양국은 '전략적 완충공간'을 선점하기 위한 경쟁을 본격화하고 있다. 남중국해·대만해협·동중국해에서 시작된 대결이 한반도로 확장하는 추세이다. 한반도에서도 전략적 변화의 영향들이 나타나고 있다. 인도 태평양 전략이 구체화하는 과정에서 유엔사의 기능 확대와 전작권 전환의 조건이 강화되었다. 미중 전략경쟁의 시대에 한미동맹의 역할에 관한 생산적인 논의가 필요하다.

미중 전략경쟁은 북핵문제의 해결에도 부정적으로 작용할 가능성이 크다. 북핵문제 해결을 위해서는 중국의 역할이 중요하고, 미중 양국이 협력해야 한다. 북한의 핵포기를 위한 환경 조성, 특히 종전선언과 평화협정을 포함하는 평화체제를 만들어가는 과정에서 중국의 참여는 필수적이다. 하지만, 양국의 포괄적 전략경쟁에서 북핵문제 해결을 위한 협력을 분리하기는 쉽지 않아 보인다.

2019년 2월 하노이 회담의 실패가 한반도 질서 변화에 중요한 영향을 미쳤다. 하노이 회담이 성과로 이어지고, 북핵문제 해결을 위한 미중 협력이 유지되었다면, 한반도는 미중 전략경쟁의 무대에서 벗어났을 것이며, 양국의 경쟁 수준도 완화되었을 것이다. 그러나 하노이 회담이 실패하면서, 한반도도 미중 전략경쟁의 영향권으로 진입했다. 북중 양국의 전략적 이해가 일치하면서, 한반도 현안 문제 해결에서 중국의 역할이 커졌다.

한반도 질서를 결정하는 구조는 남·북·미 삼각관계에서 남·북·미·중 사각관계로 전환했다. 남·북·미 삼각관계는 남북, 북미, 한미의 세 개의 양자관계로 이루어지지만, 사각관계는 6개의 양자관계와 4개의 삼각관계로 구성된 복잡한 구조다. 미중 전략경쟁이 본격화하면서, 한·미·중 삼각관계의 중요성도 커졌다. '사드 사태'로 이미 겪었지만, 앞으로 다양한 분야에서 미중·한중·한미 세 개의 양자관계가 악순환을 겪을 가능성이 높아졌다.

2) 축소된 남북관계의 공간

남북관계의 원심력은 이미 북핵 협상이 중단되고, 북한이 핵무장을 추구하던 2008년부터 2017년까지의 시기에 만들어졌다. 2018년 세 번의 남북 정상회담이 이어졌지만, 결국 2019년 2월 하노이 회담이 실패하면서, 다시 교착국면으로 전환했다. 일시적으로 멈추었던 남북관계의 원심력도 본격적으로 작동했다.

남북관계의 가장 중요한 구조적 제약은 제재다. 한국전쟁 이후 북한에 대한 제재는 꾸준하게 지속되어 왔지만, 2017년 북한의 핵 무장 완성단계에서 제재의 범위와 수준이 달라졌다. 2017년 유엔안전보장이사회에서 통과된 3개의 제재 결의안은 그 이전의 제재와 근본적으로 다르다. 그 이전에는 대량 살상무기나 군수품, 혹은 군사적 전용 가능성이 큰 민감 품목을 제재대상으로 삼았다면, 이때부터는 북한의 경제력을 약화시키는 포괄적 제재로 전환했다. 제재 완화는 비핵화의 진전에 달려 있다.

남북관계에서 안보딜레마의 악순환도 원심력으로 작용한다. 북한의 핵무장은 안보를 강화했는데, 상대의 안보를 자극해서 결국 안보 불안을 가져오는 전형적인 안보딜레마에 해당한다. 북한의 핵무력 고도화는 한반도 차원의 군비경쟁으로 이어지면서, 남북 모두 안보딜레마의 악순환에 빠져 있다. 문제는 미중 전략경쟁이 군사 분야에서 펼쳐지고, 한반도에서도 주한미군의 장비 도입이나 전력증강으로 한국은 상시적인 연루의 위험에 직면해 있다. 한반도와 동북아 차원에서 동시에 안보딜레마가 부정적 상승작용을 일으킬 가능성이 커졌다. 한반도의 평화는 안보딜레마의 덫에서 빠져나와야, 시작할 수 있다. 군비경쟁과 비핵·평화 프로세스는 양립하기 어렵다. 적정 억지력의 수준을 검토할 때다.

3) 장기적인 보건 위기

보건 위기는 2019년 2월 하노이 회담의 실패 이후 한반도 정세의 교착상황에서 발생했다. 코로나19가 북한 경제에 미친 영향은 부정적이다. 모든 국가의 경제가 방역으로 어려움을 겪었지만, 북한은 좀 더 심각한 수준으로 취약성을 드러냈다. 보건 위기는 제재의 부정적 영향을 심화시켰다. 코로나19는 국내적으로도 경제활동의 제한으로 나타났다.

코로나19 발생 이후 모든 국가는 경제와 방역의 균형을 유지하기 위해 애를 쓰고 있다. 북한도 마찬가지다. 확진자가 없다고 하지만, 북한은 초기부터 의심 증상을 보이는 사람들을 '의학적 감시대상자'로 규정하고 강력한 격리 정책을 취했다. 강력한 차단과 봉쇄는 경제활동에 부정적일 수밖에 없다.

보건 위기의 장기화로 북한의 거시 경제지표는 악화하고 있다. 쌀값이 올라가고 환율의 변동 폭이 커졌다. 제재상황에 보건 위기가 겹치면서, 북한 경제의 전통적인 문제점인 '부족'이 심화하고 있다. 부족의 장기화는 분권과 시장화의 긍정적 영향을 상쇄할 것이다. 방역과정에서도 확인했지만, 정치 사상적인 측면에서 통제를 강화하면, 당연히 경제 영역에서 분권의 제도는 흔들릴 수밖에 없다. 김정은 체제의 특징인 경제와 사회 분야에서의 변화가 보건위기의 국면에서 위기를 맞이하고 있다.

3. 한반도 평화를 위한 구상

1) 미중 전략경쟁 시대의 한국 외교

대륙 세력과 해양 세력이 부딪힐 때, 한반도의 지정학은 비극적이었다. 임진왜란과 명청 교체기의 수난, 20세기의 식민지, 분단 그리고 전쟁의 비극도 마찬가지다. 물론 한국의 국제적 위상과 포괄적 국력은 과거와 비교할 수 없을 정도로 발전했다. 장기적인 미중 전략 경쟁시대, 새로운 외교적 상상력이 필요하다.

가장 중요한 원칙은 국익을 우선하는 실용주의다. 여전히 외교를 이념의 기준으로 판단하는 경향이 있지만, 중요한 것은 이념이 아니라 이익이다. 국익이라는 확고한 중심이 있으면, 얼마든지 실용주의적 유연성을 발휘할 수 있다. 세계의 역사에서 보더라도 강대국 사이의 약소국이 전략적 완충공간의 이점을 발휘해서 '꼬리가 몸통을 흔든' 사례들을 찾아볼 수 있다.

완충국가들 사이의 연대와 협력도 중요하다. 완충국가들은 미중 전략경쟁 시대의 생존 전략을 고심하고 있으며, 다양한 형식의 세력균형을 위한 선택적 협력에 나서고 있다. 대결과 대립을 완화하고, 연대와 협력의 공간을 적극적으로 찾을 필요가 있으며, 그런 차원에서 한국 외교의 범위와 역할을 확대할 필요가 있다.

2) 적정 억지와 평화 프로세스

북한의 핵능력 강화와, 군사분야에서의 미중 전략경쟁으로 한반도의 군비 경쟁이 지속되고 있다. 동아시아와 세계적인 차원에서도 군비경쟁이 심화되고 있기 때문에, 현재의 국방비 증가 추세는 불가피한 측면이 있다. 그러나 국방의 양이 아니라, 질적인 차원이 중요하며, 적정 억지의 차원에서 안보 전략을 재정비 할 필요가 있다.

평화를 지키는 노력만으로는 한계가 있고, 결국 평화 만들기에 적극 나서야 평화는 진전할 수 있고, 실현할 수 있다. 한반도 평화 프로세스의 복원을 위한 외교적 노력이 필요하다. 과거의 전통적인 남북미 삼각관계에서, 북미 관계의 진전만을 바라는 접근은 한계가 있다. 남북미 삼각관계에서 남북미중 사각관계로의 인식의 전환이 필요하며, 외교의 비중과 역할도 재조정해야 한다.

북핵 협상의 조기 재개가 중요하다. 북핵 협상의 재개가 지연될수록, 한반도는 군사분야에서 미중 전략경쟁의 부정적 영향을 받을 것이며, 그만큼 북핵해결과 한반도 평화 프로세스의 길은 멀어질 수 밖에 없다. 바이든 행정부는 의도와 무관하게 '전략적 인내' 정책을 재연할 가능성이 높아졌다는 점에서, 북핵 협상의 재개를 위한 전략적 고민이 필요하다.

남북한의 군사적 신뢰구축은 남북관계의 발전을 위해서도 중요하고, 동시에 미중 전략경쟁의 부정적 영향을 차단하기 위해서

라도 필요하다. 군사적 신뢰구축을 위해서는 한반도 평화를 과정으로 인식하는 것이 중요하다. 신뢰의 구축은 쉬운 것부터 점차적으로 주고 받는 방식으로 이루어져야 하며, 약속의 이행을 통해서 신뢰를 쌓아가는 것이 필요하다.

3) '연대와 협력'의 중요성

팬데믹의 어두운 터널을 벗어나기 위해서는 연대와 협력이 필요하다. 코로나19의 장기화는 세계적인 차원에서, 혹은 모든 국가의 국내정치적 차원에서, 많은 과제를 던져주고 있다. 양극화는 더욱 벌어졌고, 보건의료 분야의 공공성이 중요해졌으며, 좀 더 과감하고 유연한 위기 대응체계를 요구하고 있다. 북한도 마찬가지다. 보건 위기는 북한의 취약성을 확인시켜주었다. 북한이 경제와 보건의 복합 위기를 극복하기 위해 애를 쓰고 있지만, 좀 더 근본적인 인식의 전환이 필요하다.

먼저 북한이 좀 더 자신 있게 국제사회와 협력할 필요가 있다. 지금까지 취한 차단과 봉쇄는 전염의 확산을 막는 데 효과적이었지만, 결국 앞으로의 관건은 백신의 도입이다. 북한은 백신 지원을 위한 국제 프로젝트 '코백스 퍼실리티(COVAX Facility)'와의 협력을 강화할 필요가 있다. 아프리카돼지열병의 사례처럼, 정보를 공개하지 않고, 국제기구와 협력하지 않으면, 백신공급은 늦어지고, 코로나19의 종식도 그만큼 시간이 걸린다.

남북 방역 협력도 중요하다. 북한은 하노이 회담의 실패 이후 한반도 정세의 장기교착 국면에서 남북 보건협력을 '비본질적 사안'으로 규정하고 있다. 그러나 현재 바이든 정부의 대북정책을 고려할 때, '본질적 사안'의 진전이 조기에 이루어지기는 어렵다. 북한의 입장처럼, 본질이 풀려야 비본질적 사안도 논의할 수 있다면, 그 어떤 것도 진전하기 어렵다.

4. 합의와 지혜의 필요성

미중 전략경쟁 시대의 생존과 발전을 위해서는 국내적인 합의 기반을 넓혀야 하고, 외교안보 문제에 대한 성찰이 중요하다. 한반도의 평화 환경은 과거보다 훨씬 복잡하고, 불투명해졌다. 여전히 이념에 사로잡힌 시각이나, 막연한 기대감은 도움이 되지 않는다. 변화하는 현실을 직시하고 다가오는 미래를 대비할 필요가 있다.

외교안보 문제에 관한 국민적 합의는 매우 미약하고, 일부에서는 혐오를 부추기는 현실은 매우 안타깝다. 우리는 매우 중대한 전환기에 진입하고 있음을 인식하는 것이 중요하다. 남북관계를 바라보는 시각도 미중 전략경쟁이라는 좀 더 큰 틀에서, 좀 더 장기적인 시각에서 재인식할 필요가 있다.

미-중 경쟁과 동아시아

김진영(부산대)

1. 미-중 관계: 포용(engagement)에서 경쟁으로

1) G2 시대

최근 수년간 미-중 관계의 긴장과 갈등의 수위가 점차 높아져 왔다. 아시아-태평양 지역에서 기존 패권을 유지하려는 역외국 미국과 아시아의 지역 국가로서 새로운 강자로 떠오른 중국 사이에서 동아시아 지역 국가들의 고민도 깊어진다. 이 지역의 안보질서의 핵심축인 미국과 경제적 강자로 떠오른 중국 사이에서 어느 한쪽만을 선택해야 하는 상황이 되는 것은 많은 지역 국가들이 가장 피하고 싶은 시나리오이다. 그러나 현실적으로 그런 순간이 가까이 오고 있다는 우려가 지역 국가들 사이에서 높아지고 있다. 미-중 사이에서 적절히 균형을 취하면서 지역 질서를 유지하고 자국의 이익을 추구하는 전략은 그렇게 쉽지 않지만

이 지역 많은 국가들이 추구하는 방향이기도 하다. 이 글은 G2에 이르기까지의 미-중 관계를 간략히 짚어보고 동아시아에서 양국의 경쟁과 갈등 구조를 분석한다. 그리고 이 갈등 구조에서 지역 국가들이 어떻게 대응하고 있는지 전략적 방향을 살펴보려 한다. 미-중의 경쟁을 주로 '일대일로'와 '인도-태평양 구상'을 중심으로 분석하고, 이 지역 국가들을 크게 동남아, 한국과 일본의 동북아로 나누어 살펴본다.

이 글의 구성은 간략히 다음과 같다. 첫 장에서는 우선 G2 시대로 볼 수 있는 미-중 관계를 간략히 정리해보기로 한다. 2장에서는 동아시아에서 미-중의 경쟁과 대결 구도를 살펴본다. 그리고 3장에서 위에서 말한 동남아와 동북아 국가들이 미-중의 대결에 어떻게 대응하는지 살펴본다.

냉전이 끝났을 때 한동안 세계질서는 미국의 단극적(unipolar) 헤게모니 지배 구도로 보였다. 냉전시대 양극(bipolar) 구도의 한 축이었던 소련이 붕괴되고, 세계 유일 초강대국 미국에게 도전할 나라는 더 이상 존재하지 않는 것 같았다. 과거 소련의 동맹국이었던 동구권 국가들은 사회주의를 버리고 정치적 다원주의와 시장경제로의 전환을 시도하였고, 자유주의와 시장경제가 사회주의를 이기고 세계의 최종 승자로 남은 것 같았다. 후쿠야마 (F. Hukuyama)의 주장처럼 더 이상 이데올로기와 체제의 갈등은 없는 '역사의 종말'이 온 것 같아 보였다. 중국은 1978년 말부터 개혁개방을 시작하여 세계시장경제에 편입한 이래 놀라운 속도의 성장을 거듭했지만 아직 미국의 적수로 볼 단계는 아니었고, 미국 조야에는 중국에 대해 장차 위협이 될 것이니 봉쇄해야 한다는 강경파와 자유시장 경제권으로 포용하여야 한다는 온건파가 논쟁을 벌였다. 워싱턴의 대중 전략 논쟁은 온건파가 우세하여 클린턴 정부는 중국을 WTO에 정식회원으로 가입시켰고 이후 중국의 경제성장은 더욱 날개를 달아 연평균 두 자릿수 성장률을 거듭하였다. 2010년경 중국은 국내총생산(GDP)에서 세계 2위인 일본을 추월하고, 미국과 함께 G2로 지칭되는 것이 어색하지 않게 되었다.

2000년대 중반 처음 중국이 G2로 불렸을 때부터 계속 중국은 이를 거부하며 자국이 발전도상국임을 강조하였다. 중국을 G2로 지칭할 때 국제사회의 기대는 중국이 책임 있는 대국이 되어야 한다는 주문이었고 중국은 이것이 부담스러운 듯하였다. 중국을 일인당 GDP에서는 선진국 수준이 아닌 발전도상국으로 볼 수 있지만, 중국의 경제력 규모와 기술력을 포함하여 종합적으로 보면 발전도상국이라 할 수 없다. 중국은 그 규모 자체로 이미 세계의 강대국 위치에 있었다. 2008년 미국발 금융위기가 세계경제를 강타하여 미국과 서구의 은행들이 타격을 받고 서구 경제가 침체에 빠졌을 때, 중국경제의 건실한 구매력이 세계경제를 침체에서 구출하는 견인차로 중요한 역할을 하였다. 미국경제의 위신은 한층 땅에 떨어지고 중국의 위상이 더욱 상승하였다.

2) 포용에서 경쟁으로

　미-중 관계는 기존의 강대국과 신흥강대국 간의 관계로서 역사상 많은 전례가 보여주듯 경쟁과 갈등이 불가피하다. 그러나 미-중 사이에는 경쟁과 갈등의 요소도 많지만 협력해서 풀어야 할 공통의 과제도 만만치 않게 존재한다. 지구온난화와 기후변화에 대한 대책이 그러하고, 대테러 전선 구축, 북한의 핵문제에 대한 관리와 해결도 미-중 협력이 필수적이다. 세계경제에서 미국과 중국은 공동 대주주로 서로 긴밀한 상호의존 관계이다. 중국의 수출대기업들과 미국의 월가는 서로 공생관계이며 미국과 중국경제의 디커플링이 일어난다면 상호 막대한 손실을 감수해야 한다.

　미-중 관계는 이렇게 상호 연계된 복잡성과 민감성을 안고 있으므로 클린턴과 오바마 정부까지는 높아지는 긴장의 수위를 조정하면서 협력적 측면을 발전시키려 노력했다고 볼 수 있다. 2012년 오바마 정부 말기 시진핑 당시 부주석이 워싱턴 방문 시 '강대국관계의 새로운 모델'을 구축할 것을 제안하였고, 2013년 시진핑이 주석으로 방문했을 때 양국은 상호존중, 상호신뢰, 상호이익에 토대를 둔 새로운 협력관계를 만들어나가는 것에 의견일치를 보았다.[1] '신형 강대국 관계' 구축을 위해 전략 및 경제대화, 인적교류, 군사적 의견교류 등을 제도화하여 공유된 이익을

1　손병권, 2014, "오바마 행정부 등장 이후 미국의 대중정책: 아시아 공존의 상호인정과 지속되는 긴장", EAI NSP Report 70.

심화시켜나가야 한다고 합의하고 세계적 공동과제인 기후변화에 협력할 것도 합의하였다.

이렇게 외교적 협력을 강조하면서 다른 한편으로 미국은 중국에 대한 견제전략도 강화하였다. 오바마 정부는 아시아태평양에서 미국의 지배권을 유지하기 위해 '아시아 회귀(pivot to Asia)' 전략을 채택하였는데 이후 개명하여 '아시아 재균형' 전략이라 하였다. 그리고 부상하는 중국세력을 견제하기 위해 일본의 자위대가 세계 어느 곳에서나 미군과 합동작전을 할 수 있도록 일본이 보통국가화 되는 것을 지지하였다.

경쟁과 갈등을 협력으로 풀어가려던 미-중 관계가 점차 협력보다 경쟁과 갈등이 심화되는 방향으로 전환하게 되었는데, 이런 변화는 중국에서 시진핑이 더욱 대담하고 야심찬 대외전략을 구사하고 미국에서는 트럼프 정부가 들어서 대중 압박정책을 강화하면서 분명해졌다. 트럼프는 경제, 정치 및 안보의 양면에서 대중국 견제와 압박을 강화하였다. 경제면에서 보면, 중국의 수출품에 보복관세를 부과하여 이에 대응하여 맞불을 놓은 중국과 관세전쟁을 시작하고, 통신장비회사 ZTE, 화웨이 등의 미국내 거래와 수출을 금지하였다. 중국정부가 5G통신과 AI 등을 중심으로 한 4차산업 첨단기술산업 육성을 위해 세운 국가계획인 '중국제조 2025'를 의식하고 견제하기 위한 조치의 일환으로 중국 첨단 기술 업체들에 대해 강한 규제를 실시하였다. 미국의 첨단기술회사들에 대한 중국의 사이버해킹 이슈는 오바마 정부 때에도 꾸준히 강력하게 제기해온 문제였다. 트럼프 정부는 문제제기에서 더 나아가 중국의 첨단기술 추격 노력에 타격을 주는 직접적 견제조치를 취한 것이다.

정치 및 안보분야에서는 중국의 가장 민감한 이슈들인 타이완 문제, 위구르, 티벳 등에 대해 미국의 비판적 입장을 명확히 하는 일련의 조치를 시행하였다. 2017년 타이완에 조기경보 레이더 부품, 어뢰, 미사일 등 무기 판매를 승인하고, 2018년 차이잉원 총통이 중남미 순방 시 미국을 경유하여 방문하게 하였다. '타이완 여행법'을 통과시켜 미국과 타이완 관료들의 공식 교류가 가능해졌고, '2019년 타이완 보증법(Taiwan Assurance Act of 2019)'을 통과시켜 미국 역내 전략의 주요 거점 중 하나로 타이완의 중요성이 부각되었다.[2] '위구르 인권법', '티벳 정책과 지지법', '홍콩 인권과 민주주의 법' 등도 통과시켰다. 안보전략 면에서 트럼프 정부는 대중국 견제전략으로 오바마 시대의 '아시아 재균형'전략에서 더 나아간 '인도-태평양 구상'을 채택하였다. 이는 중국 시진핑 정부가 '일대일로' 구상으로 과감하게 세력을 확장해가는 것에 대응하여 이를 견제하려는 것이었다. 중국을 견제하기 위해 인도를 포함하여 미국, 일본, 호주로 구성된 '쿼드'가 인도-태평양 구상의 중심에 있고 아세안 등 여타 지역 국가들도 포함시켜 쿼드 플러스 구조를 형성하려 하였다. 중국의 세력 확장에 대해 인도까지 포함한 아시아-태평양 국가들과의 동맹과 연대를 강화하여 다자적으로 대응하려는 것이었다.

---

2   김한권, 2019, "트럼프 행정부의 대중정책과 중국의 대응", 국립외교원 외교안보연구소, 정책연구시리즈 2019-09, pp.21-23.

트럼프와 시진핑 시대에 들어 미-중 관계는 그간의 경쟁과 협력의 구도에서 협력이 사라지고 경쟁이 강화되는 국면으로 악화되었다. 미국의 대중 정책이 점차 강한 대중 견제 쪽으로 변화하게 된 것은 트럼프의 정치적 성향도 있지만 중국의 대외정책이 적극적이고 대담하게 변화하였다는 데도 원인이 있다. 시진핑은 국가주석이 되면서 중국이 대국으로 굴기하겠다는 원대한 포부를 중국국민들에게 선포하였다.

시진핑은 '중국몽(中國夢)'을 선포하고 중국 건국 100주년이 되는 2049년까지 사회주의 강대국이 될 것을 목표로 세웠다. 시진핑은 또한 2013년부터 '일대일로(一帶一路)' 전략으로 중국을 중심으로 하여 전 세계를 인프라 네트워크로 연결한다는 야심찬 계획을 추진하고 있다. 일대일로는 '육상실크로드'와 '21세기해상실크로드' 두 개로 구성되는데, 철도, 도로, 통신망, 항만, 교량, 발전소 등의 인프라를 건설하여 육상으로 중앙아시아를 통하여 유라시아 대륙을 지나 유럽까지, 해상으로 동남아를 지나 인도양을 거쳐 아프리카와 유럽까지 연결한다는 구상이다. 일대일로는 전 세계적 규모의 외교 전략인 동시에 경제 전략이다. 중국의 거대 국영기업과 잉여자본이 아시아, 아프리카의 발전도상국은 물론 유럽 국가들에까지 확산되고 있다. 이는 미국이 헤게모니를 쥐고 구축해온 기존의 국제질서에 대한 도전으로 볼 수 있다.

많은 학자들이 중국을 기존 질서에 대항하여 바꾸려는 수정주의(revisionist) 세력으로 간주한다. 그러면 중국이 바꾸려는 질서는 중국이 헤게몬이 되어 미국을 대체하는 질서일까? 마틴 자크 같은 학자들은 중국이 헤게몬이 된 세계질서를 예상하기도 한다.[3] 그런 시나리오를 그려볼 수는 있겠지만, 현실적으로 중국이 미국을 대체하는 일이 일어날 가능성은 낮다. 중국과 미국의 군사력도 아직 차이 나는 비대칭이며 전략무기 면에서 중국이 미국을 따라가지 못한다.[4] 그리고 중국은 미국이 가진 국제정치의 지도력과 소프트 파워를 가지지 못했고 가까운 장래에 중국이 국제정치의 헤게모니를 가질 것이라 예견하기 어렵다. 현재의 국제질서 레짐은 2차대전 후 미국이 헤게몬 국가로 등장하고 중국이 죽(竹)의 장막에 가려진 가난한 나라였을 때 만들어진 것이다. 이제 G2 위치에 오른 중국에게 현재 미국과 서구 주도의 질서는 만족할 수 없는 것이며 중국은 끊임없이 현 질서의 수정을 추구할 것으로 보인다.

중국이 짧은 기간에 이토록 놀랍게 성장할 수 있었던 것은 개혁개방으로 세계 자유시장 경제에 편입되었기 때문이다. 중국이 가진 경제성장의 잠재력, 즉 풍부한 노동력, 효율적인 정부, 거대한 잠재적 시장 등이 세계 시장경제에 편입되었으므로 놀라운 생명력을 가질 수 있었다. 중국이 G2의 자리에 오르게 된 것은 경제가 세계 2위로 도약하여 미국에 도전할 만큼 성장했기 때문이다. 미국은 중국이 경제성장을 달성하여 어느 정도 수준이 되면 중산층이 늘어나고 자연스럽게 정치적 민주화에 대한 요구가 높아져 다른 자유주의 국가들에 가까운 나라가 될 것이라 기대하

---

3 Martin Jacques, 2009, *When China Rules the World*. Penguin Books.

4 문정인, 2021, 『문정인의 미래 시나리오』, 서울:청림출판, pp.176-177.

였다. 이것은 대개 자유주의 국가들의 역사적 경험에 따른 가설에 입각한 기대였다. 예컨대, 같은 유교문화권인 동아시아의 한국과 대만이 그 전형적인 예이다.

그러나 정치적 사회주의에 경제적 자본주의를 결합한 중국식 모델의 실험은 미국이 기대한 대로 나타나지 않고 경제적 성장에 자신감을 얻은 중국공산당 정부는 시진핑 시대에 이르러 권위주의 통치를 더욱 강화하였다. 홍콩의 민주주의를 억압하고 신장 위구르 지역 분리 독립의 운동세력을 말살하기 위해 인권탄압으로 보이는 감시와 통제를 시행하고 있다는 국제적 비난을 받고 있다. 국내적으로 시진핑은 최고지도자가 5년간 두 번의 임기동안 집권하는 전례를 따르지 않고 임기제한을 없애버림으로 자신의 장기집권 가능성을 열었다. 대외적으로는 타이완에 대한 경고의 수위를 높이고 남지나해와 동지나해에서 영토권을 주장하며 군사력을 과시하기를 주저하지 않았다.

2021년 7월 1일 중국 공산당 창당 100주년을 기념하는 행사에서 시진핑 지도자는 중국의 지속적 발전을 위한 공산당의 지도력을 강조하였고, 외부세력이 중국을 위협 또는 억압하려고 시도한다면 철의 만리장성에 머리를 박고 피를 흘리게 될 것이란 무시무시한 경고를 하였다.[5] 위구르족 인권탄압, 홍콩의 민주화 탄압 등에 관해 비판의 목소리를 높여온 미국을 대상으로 한 시위적 발언으로 보이며 시진핑 이후 공세적으로 변한 중국의 대외정

---

5   Bret Stephens, "China Won't Bury Us, Either," *New York Times*, July 5, 2021.

책 기조가 배경에 깔려 있다. 중국정부는 외세가 중국의 국내문제에 대해 훈수를 두는 것을 용납하지 않겠다는 것을 수차 말한바 있다. 타이완 문제, 홍콩 문제, 위구르 문제 이 모든 것은 중국의 국내문제이며 미국이란 외세가 서구식 가치기준을 중국에 적용하여 비판하는 것을 인정할 수 없다는 것이다. 중국역사에서 아편전쟁 이후 마오쩌둥이 중국 공산당 정부를 세우기까지 서구의 침탈과 일본의 침략, 국공내전 등 많은 혼란을 겪었고 중국은 이를 '치욕의 세기'라 한다. 중국은 이제 '치욕의 세기' 동안 잃어버린 것들을 모두 다시 회복하겠다는 생각인 듯하다.[6] 타이완과 홍콩 문제의 기원도 그 시대로 거슬러 올라가고, 신장의 위구르족도 청조 건륭제 시대에 중국에 편입되었으므로 이 지역 문제들은 모두 내정문제로 간주한다.

냉전이 끝난 지 삼십 년 후 세계는 다시 미국과 중국의 갈등으로 신냉전 시대에 돌입한 듯 보인다. 시진핑의 중국은 덩샤오핑의 '도광양회(韜光養晦)'의 시대를 완전히 떠나 '분발유위(奮發有爲)'를 강조하며 대국으로 굴기하겠다는 의사를 대외적으로 분명히 하였다. 현재 시진핑 시대의 중국을 보면 중국의 대국 굴기가 기존 미국 주도의 질서에 소프트 랜딩 하기를 바라기는 쉽지 않다. 그러나 최대한 직접적 무력 충돌은 물론 갈등의 고조를 피하고 미-중의 이익 충돌로 발생할 긴장 관계를 섬세하게 조율해나가는 외교가 동아시아 지역 많은 국가들의 과제이다.

---

6   Zhou Bo, "No more victim: China must leave its past behind and embrace its strength," *South China Morning Post*, July 5, 2021.

2. 동아시아에서 미-중 경쟁

1) 미-중 관계 시나리오

미국의 신임 바이든 정부의 대중국 정책을 보면 이전 트럼프 정부 때와 비교하여 동맹국과의 연대와 다자적 접근을 중시한다는 점, 그리고 인권과 민주주의의 가치를 수호한다는 점에서 차별성이 있다. 그러나 안보와 기술경쟁 등의 분야에서는 트럼프 시대의 강경 대중 정책의 상당부분이 지속될 것으로 보인다. 논자들은 오바마 정부의 포용(engagement)과 트럼프 정부의 봉쇄(containment)를 절충한 형태(congagement)가 될 것으로 전망하기도 한다.[7] 기후변화, 대량살상무기 확산 방지, 북한 핵문제, 코로나19 대응 등의 문제에서는 중국과 협력한다. 그러나 무역과 과학기술 분야 등에서는 치열하게 중국과 경쟁하고 미국의 우위를 확고히 하려 한다. 중국의 첨단기술 탈취 행위와 불공정 무역 관행에 대해 단호히 대응하고 공급망(supply chain)의 미국화를 추구한다. 안보 분야에서는 특히 아시아-태평양에서 중국의 공세적 패권주의를 경계하고 확실히 견제하겠다는 의사를 분명히 하였다. 트럼프 정부의 인도-태평양 구상과 '쿼드' 및 '쿼드 플러스' 구조의 아이디어는 바이든 정부에서도 계승될 것으로 보인다. 남지나해와 동지나해에서 중국의 도서 및 영해에 대한 영유권 주

---

7   연원호, "미국 바이든 행정부의 대중국 정책과 시사점", 대외경제연구소 (KIEP) 세계경제포커스, 2021. 4. 8. vol.4, no.15.

장이 심화, 확대되고 군사력 과시가 증가하는 상황에서 이 지역이 미국 안보정책의 핵심으로 떠올랐기 때문이다. 2021년 5월 한-미 정상회담의 공동선언문에 보면 '쿼드 플러스'란 용어를 사용하지는 않았으나 자유롭고 열린 인도-태평양 지역, 남지나해에서 항행의 자유 등에 양국이 합의함으로써 사실상 쿼드 플러스의 취지를 살린 것으로 나타났다.

  2021년 G7 정상회의에서 바이든 정부는 중국에 대한 다자적 견제 구도를 형성하는 데 초점을 두고 서유럽 동맹국들과 이해를 공유하였다. G7과 일본은 중국이 일대일로를 통해 아시아, 아프리카에 세력을 확장하는 것을 견제하기 위해 발전도상국들의 인프라 건설에 새롭게 수천만 달러를 투자하자는 데 합의하였다.[8] 중국의 신장위구르 인권탄압 비판과 중국의 탄소배출 중단을 요구하는데도 원칙적으로 동의하였다. 안보적으로 NATO는 아시아-태평양 지역에서 중국의 안보위협에 대해 전년에 비해 새롭게 경각심을 높였다. 이같이 미국이 유럽과 아시아에서 기존 동맹국들과의 연대를 통해 중국을 견제, 봉쇄하는 구도를 형성하려 하지만 현실적으로 이것이 어느 정도 강한 힘을 가진 연대가 될 것인지는 확실치 않다. 구체적 방법과 시간에 대해서는 정해지지 않았고, 대중 견제의 강도에 대해 각국의 생각이 다를 수 있기 때문이다. [9]

---

8 David Sanger and Mark Landler, "Biden Tries to Rally G7 Nations to Counter China's Influence," *New York Times*, June 12, 2021.

9 Mark Landler, Zolan Kanno-Youngs and Lisa Friedman, "G7 Leaders

미-중 관계의 전망에 대해 문정인 교수는 네 가지 가능성을 전망해보았다. 중국에 온건한 화평발전파와 강성 대국굴기파 중 어느 쪽이 지배하는가, 그리고 미국에 대중국 포용(engagement)과 견제를 주장하는 상하이학파와 대중국 봉쇄를 주장하는 크로 (Crowe)학파 중 어느 쪽이 지배하는가로 나누어본다. 이런 조건에 따라 (1)공동 진화형 협력관계, (2)수용형 현상유지, (3)공세형 현상변경, (4)충돌형 패권경쟁의 네 가지 시나리오를 가정해 보았다.[10] 미국과 중국이 동시에 온건파가 지배할 때 (1)번, 미국에 강경파, 중국에 온건파가 지배할 때 (2)번, 중국에 강경파, 미국에 온건파가 지배할 때 (3)번, 미-중 모두 강경파가 지배할 때 (4)번 시나리오가 된다. (4)번의 상황은 가장 바람직하지 않고 위험성이 높은 시나리오이다. (4)번의 시나리오대로 강대강의 대결이 되면 신냉전으로 치닫고 자칫 사소한 일로 무력충돌로 갈 수도 있다. 특히 아시아에서 가장 긴장도가 높고 위태로운 지역인 타이완 해협이나 남지나해상에서 그런 일이 발생할 가능성이 높은데, 앨리슨(G. Allison) 교수의 지적처럼 작은 충돌이 비등하여 큰 충돌, '예정된 전쟁'이 될 가능성을 배제할 수 없다.[11]

가장 바람직한 것은 (1)번이지만 현재 상태로는 어려워 보이고 현재로서는 (4)번을 피하는 것이 급선무일 것이다. 단기적으로는

Offer United Front as Summit Ends, but Cracks are Clear," *New York Times*, June 13, 2021.

10 문정인, 2021, pp.68-169.

11 Graham Allison, 2017, *Destined for War*, Houghton Mifflin Harcourt.

구체적 사안에 따라 미-중이 온건과 강경전략을 상호 유연하게 구사하여 (2)번과 (3)번 사이를 오가다가, 중장기적으로 미-중이 진화형 협력관계로 나가는 (1)번 시나리오가 실현될 수 있도록 하는 것이 바람직하다. 이것은 미-중뿐 아니라 양국이 경쟁하고 있는 지역에서 그 지역 국가들도 관련된 문제이다. 지역 당사국들이 최대한 양국의 경쟁과 갈등이 비화되지 않도록 적절한 전략을 취해야 한다는 것이다. 이 문제는 다음 장에서 좀 더 논할 것이다.

2) 일대일로와 인도-태평양 구상

아시아-태평양 지역은 중국이 G2로 부상하기 전까지 미국이 독보적인 리더로 패권을 장악하고 있었다. 이 지역의 많은 나라들은 미국과 쌍무적 안보동맹 조약을 맺고 있어 미국을 중심으로 한 'hub and spoke(중심과 바퀴살)'의 구조를 이루고 있었다. 무역 면에서도 중국이 경제적으로 부상하기 전 이 지역 많은 국가들에게 미국은 최대의 수출시장이었다. 그러나 지역 국가인 중국이 G2로 부상하면서 이 지역의 정치경제와 안보 면에서 구조적 변화의 압력이 작용하게 되었다. 최근 중국의 지역 전략이 잘 드러나는 정책이 '일대일로' 구상이다. 일대일로의 목적은 경제 전략과 외교 전략의 두 가지 측면에서 다음과 같이 해석해 볼 수 있다. 첫째, 경제 전략으로서 중국 국유기업들의 누적된 잉여자본을 해외로 수출하고, 발전한 연안 지방에 비해 낙후한 내륙과 서부변경, 남부지역을 인접한 중앙아시아, 서아시아 및 동남아 등과 연결하여 발전시키려는 것이다. 둘째, 외교 전략으로서 동남아, 서아시아, 중앙아시아 등 중국과 인접한 아시아 지역을 중국과 연결함으로써 중국의 지역 패권을 추구한다. 동남아시아와 인도양을 거쳐 아프리카까지 연결되는 '해상 실크로드'는 명나라 시대 정화(鄭和)의 원정과 그 경로가 매우 유사하다. 중국 서부에서 중앙아시아, 유라시아를 지나 유럽에 이르는 '육상 실크로드'는 고대 중국과 로마를 잇던 '비단길'을 연상케 한다. 비단길이 융성하던 시대 중국은 로마 제국에 비견되는 아시아의 최고 문명국이었다. 오늘날 중국의 신실크로드 전략은 과거 중화제국의 영광을 재현하려는 염원이 엿보인다.[12]

시진핑은 2014년 미국 대통령 오바마와의 회담에서 태평양은 넓어서 두 대국이 함께 발전하기에 충분하다고 말한 바 있다. 이때 그가 의미한 것은 중국이 미국을 제치고 지역 패권을 차지하려는 것이 아니라 평화적으로 굴기한다는 것을 주장하려는 것이었다. 시진핑은 2015년 유엔 연설에서 중국은 세계 패권을 추구하지 않는다고 말한 바도 있다. 그러나 중국의 이런 언술에도 불구하고 신흥 대국이 세력을 확장하는 것은 기존 대국의 세력권에 영향을 미치지 않을 수 없으며, 중국의 말이 아니라 실제 행동은 기존 질서를 지지하는 세력들에게 우려를 자아낸다. 중국의 일대일로에 대응하기 위해 미국은 오바마 시대의 '아시아 재균

---

12 김진영, 2019, "중국의 '일대일로'구상에 대한 세 가지 관점의 제안", 『차이나 연구』 22권 1호, pp.25-51.

형' 정책보다 더 나아가 지역 국가들과의 강한 연대와 구속력을
가진 '인도-태평양 구상'을 추진하고 있다.

〈그림 1〉 일대일로의 거점 항만과 주요 도시

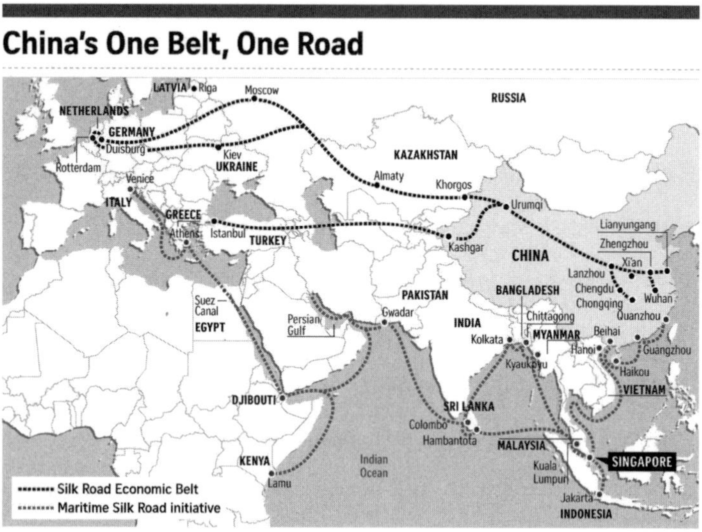

China's One Belt, One Road

출처: The Straits Times

〈그림 1〉에서 나타나는 것과 같이 중국의 일대일로가 육상 실
크로드와 해상 실크로드를 통해 사실상 전 세계에 걸쳐 확산하
려는 전략임을 알 수 있다. 육상 실크로드와 해상 실크로드가 만
나는 지점인 유럽에서 미국은 G7 및 NATO와 결속을 강화하여
다자구도로 중국을 견제하려 한다. 해상 실크로드에 대해서는
인도-태평양 구상을 통해 지역 동맹국들과의 연대를 강화하여
견제하려고 한다(〈그림 2〉).

왜 아시아-태평양이 아니고 인도-태평양 구상인가? 2021년 6월 히말라야 국경 지대에서 인도와 중국 군인 사이에 유혈충돌이 있었던 것에서 보이는 것처럼 인도와 중국은 해묵은 국경분쟁 문제를 안고 있는 경쟁국이다. 경제적으로도 중국이 정부 주도의 사회주의 시장경제 체제로 먼저 급성장했지만, 민주주의와 시장경제 체제를 가진 인도의 잠재적 발전 가능성을 높이 평가하는 전문가들도 있다. 미국은 중국을 견제하기 위하여 인도를 중요한 파트너로 선택하고 지원하기로 하였다. 인도는 중국의 일대일로를 환영하지 않으며 인도와 앙숙인 파키스탄에 '차이나-파키스탄 경제회랑' 사업으로 중국의 대규모 인프라 투자가 이루어지는 것을 비판하고 경계한다. '해상 실크로드'의 소위 '진주목걸이' 전략은 중국의 거점 항만들이 동남아에서 인도를 에워싸고 인도양을 지나 아프리카로 연결되는 형태이다. 이 지역에 일대일로 구상으로 중국의 거점 항만들이 건설, 구축되는데, 말레이시아의 클랑항, 미얀마의 짜욱퓨항, 파키스탄의 과다르항, 스리랑카의 함반토타항, 아프리카의 지부티군사항 등이다. 미얀마의 짜욱퓨항과 파키스탄의 과다르항은 중국이 중동에서 수입하는 원유가 말라카 해협을 거치지 않고 육로로 중국까지 수송 가능하게 한다. 말라카 해협은 해적 출몰 지역이고 미군의 제해권 지역이므로 미-중 관계에 비상사태가 발생했을 시 봉쇄당할 리스크가 있다. 해외에서 에너지 수송은 중국의 경제발전에 필수적인 요소이므로 말라카 해협을 거치지 않고 중국으로 직접 육

로 수송하는 것은 중국의 경제와 안보에 매우 중요하다.[13] 중국
이 건설한 항만들이 배후에 건설될 산업단지와 고속도로, 철도
등과 연계되어 이 지역의 경제발전에 기여한다는 목적이지만, 중
국의 군함이 주둔하는 군사항으로 사용될 가능성도 배제할 수
없다. 사실 중국은 인도양과 태평양의 두 대양에 모두 진출해야
대국이 될 수 있다는 생각이다. 지금까지 미국의 제해권이 지배
했던 인도양과 태평양에서 중국의 세력을 확장하기 위해 중국은
최근 해군력 증강에 박차를 가하고 있다.

〈그림 2〉 미국의 인도-태평양 구상

출처: Daily Observer, November 24, 2020

〈그림 2〉는 쿼드―미국, 호주, 일본, 인도―를 중심으로 미국의

---

13   김진영, 2021, "일대일로 구상과 아세안 국가들의 중국 대응", 『한국과 국제
사회』 5권 1호, pp.235-270.

인도-태평양 구상의 범위를 나타내고 있다. 일대일로를 견제하기 위해 인도의 전략적 위치가 중요하다. 호주는 중국에 막대한 양(중국 수입의 60%)의 철광석을 수출하며 기타 와인, 쇠고기, 보리 등 농축산물을 수출하는 좋은 관계였으나, 최근 호주가 대중국 강경입장으로 선회하면서 양국의 관계가 경색되었다. 호주 정부는 빅토리아주가 중국과 체결한 일대일로 사업계획을 취소시켰고, 호주의 다윈항을 중국 기업에게 99년간 조차해주기로 한 계획도 안보상의 이유로 전면 재검토 하기로 하였다.[14] 그리고 최근 코로나19의 기원에 대해서도 중국이 어떤 책임이 있는지 명백히 밝혀야 한다는 입장을 밝혀 중국의 반발을 야기했다.

쿼드의 다른 한 축인 일본은 중국의 부상을 견제하기 위해 그동안 계속 친미적 입장을 강화해왔다. 1997년의 아시아 외환위기 이후 2000년대에 동아시아 지역주의의 움직임이 활성화되어 '치앙마이 이니셔티브'의 지역 금융협력체제가 구축되고, 동아시아 공동체(East Asia Community) 형성에 ASEAN+3(한, 중, 일)의 지역 국가들이 합의했을 때부터 일본은 지역 리더로 중국이 부상하는 것을 부단히 견제해왔다. 중국을 견제하기 위해 일본은 미국과 호주, 뉴질랜드 등의 태평양 세력을 끌어들이려 하였고, 중국 주도가 될 것을 우려하여 '역내 포괄적 경제동반자 협정(RCEP: Regional Comprehensive Economic Partnership)'과 별개로 미국이 시작한 '환태평양 경제동반자 협정(TPP: Trans-Pacific Partnership)'에서 주도

---

14 무역뉴스 〈세계는 지금〉, "호주, 중국과 경제협력 사실상 중단", KITA.net, 2021. 5. 14.

적 역할을 하였다. 환태평양 경제동반자 협정은 트럼프 정부의 미국이 탈퇴하고 나서도 일본의 적극적 역할로 2018년 출범하였다.[15] 일본은 경제면에서 중국이 지역의 리더가 되는 것을 경계할 뿐 아니라 안보 면에서도 대중국 견제를 강화하였다. 아베 2기 정부에서 일본의 우경화가 가속화되고 자위대의 보통군대화, 일본의 보통국가화를 추구한 것도 이런 맥락에서이다. 일본은 중국과 조어도(중국명: 댜오위다오, 일본명: 센카쿠열도) 영유권 문제로 갈등이 항상 내연하고 있다(그림 3). 동지나해에서는 일본과 중국이 상호 방공식별구역 및 경제수역 침범, 대륙붕 개발 등의 문제로 충돌할 가능성이 항상 존재한다.

남지나해에서 중국은 국제법적 효과를 인정받지 못하는 구단선(nine dash line)을 일방적으로 설정하고 대부분의 해역에 대해 영유권을 주장한다. 특히 스프래틀리 군도(난사군도), 파라셀 군도(시사군도) 영유권을 두고 말레이시아, 베트남, 필리핀, 타이완, 브루나이 등 지역 국가들과 갈등을 안고 있다. 지난해 중국은 하이난성 산하에 난사군도와 시사군도를 관할하는 행정관청—시사(西沙)구와 난사(南沙)구—을 설치하여 중국영토임을 기정사실화하려 하였다.[16] 뿐만 아니라 남지나해 환초를 군사기지화하고 군사력을 증강배치하고 있다. 남지나해는 전 세계적으로 해상물류

---

15 TPP는 미국이 시작했으나 트럼프 정부 때 미국이 탈퇴하고 일본이 주도적 역할을 하여 CPTPP(Comprehensive and Progressive Trans-Pacific Partnership)로 2018년 발효되었다.

16 채인택, "이 와중에 또 남중국해 분쟁…코로나도 두 손 든 中 70년 야심," 중앙일보, 2020. 5. 5.

25%와 원유수송량의 70% 이상이 통과하는 전략적 요충 지역이다. 한국, 일본, 중국으로 수송되는 중동의 석유도 이곳을 지난다. 그리고 막대한 양의 원유(110억 배럴)와 천연가스(190조m^3)가 매장되어 있다고 알려져 있다.[17] 이 지역을 둘러싸고 미국과 중국이 상호 무력시위를 마다 않고 긴장이 점증하고 있어 현재 남지나해와 타이완해협은 세계에서 가장 위험한 지역이 되었다.

<그림 3> 중국의 남지나해 영토분쟁 지역

출처: 서울신문 2012. 4. 30. 16면에서 재인용

미국은 '항행의 자유작전'과 타이완과의 군사훈련 등을 시행하며 중국의 무력 증강에 대응하고 있다. 남지나해와 동지나해에

---

17 〈글로벌 인사이트〉 "남중국해엔 한해 3800조원이 흐른다", 서울신문, 2018. 6. 26.

서 중국의 군사력 증강, 인도양으로의 세력 확장에 대응하고 이를 봉쇄하기 위해 미국은 지역 국가들과 연대를 구성하려 한다. '자유롭고 열린 인도-태평양(Free and Open Indo-Pacific)'이란 모토로 쿼드 이외 아세안과 한국 등 이 지역의 여러 국가들에게 동참할 것을 권유한다. 이 지역의 여러 국가들과 안보, 경제협력 등 다층적 협력을 통해 대중국 견제의 연대를 구성하겠다는 것이다.

3. 동아시아 국가들의 대응전략

미-중 경쟁 구도에 대한 동아시아 국가들의 대응 전략에 대해 아세안의 '헤징전략(hedging)'과 한국의 '균형전략'으로 나누어 살펴본다. 헤징이란 국제금융 분야의 용어였는데, 위험을 회피하면서 최대의 이익을 추구하는 전략이다. 국제정치에서도 약소국이나 중견국이 이익의 최대화를 추구하면서 강대국으로부터 발생할 수 있는 리스크를 회피하려는 전략을 추구할 수 있다. 아세안 여러 나라들의 경우 경제적인 실용주의와 안보적인 대중 견제 조치가 혼합된 헤징전략을 구사한다.

아세안 국가들의 경우 중국과의 무역과 일대일로 유치로 얻는 경제적 이익이 매우 중요하다. 말레이시아, 미얀마, 베트남, 인도네시아, 라오스, 캄보디아 등 여러 아세안 국가들에 중국의 일대일로 투자로 철도, 항만, 발전소, 도로 등 인프라 건설 사업이 추진되고 있다. 대중국 무역과 일대일로 인프라 건설로 얻는 이익은 발전도상국인 아세안 나라들에게 매우 중요하다. 일대일로는 발전도상국들에게 양날의 칼이다. 경제적 이익이면서 한편 중국의 영향력에 지배될 수도 있는 위험성이 공존한다. 사업이 당사국의 필요보다 중국의 전략적 필요에 의해 일방적으로 추진되거나 당사국이 감당할 수 없는 정도의 과도한 투자가 유입되어 발전도상국들을 부채(debt)의 위험에 빠뜨리는 일이 그동안 국제사회의 비판을 받아왔다. 아세안 국가들은 이 점을 인식하고 중국에 대해 경제적 실용주의로 대하면서 동시에 중국 의존도를 줄이도록 경제적 다양화를 추구한다. 싱가포르나 일본, 한국 같은 역내 국가들로부터 그리고 미국으로부터의 경제적 투자를 환영하며 해외투자와 무역의 다양화를 추구한다. 아세안 국가들은 중국의 경제적 지배를 우려하며 바이든 정부 이후 미국이 동남아에서 투자를 늘리고 경제적 리더십을 제고해주기를 바란다.[18]

정치, 안보적 문제에 있어서는 친중적 라오스와 캄보디아를 제외한 대부분의 아세안 국가들의 대중국 견제가 확실하다. 중국과 남지나해에서 영토 분쟁 문제를 안고 있거나, 베트남의 경우처럼 국경 분쟁을 겪은 나라들은 중국의 남지나해에서의 무력 과시를 더욱 경계하고 견제한다. 특히 베트남, 싱가포르, 필리핀, 인도네시아, 말레이시아 등의 지역 국가들은 미국의 인도-태평양 구상의 취지에 공감하고 미국과 공동 군사훈련을 하거나 미 항모의 '항행의 자유' 작전에 참여한다. 이들은 모두 중국과 일대

---

18 김미림·최인아, "미국 바이든 행정부의 대동남아 정책 전망과 시사점", 대외경제정책연구원 KIEP 세계경제포커스, 2021. 4. 22. p.6.

일로 사업을 유치하고 있지만, 동시에 안보 문제에서 미국, 일본 등과 공동 군사훈련 등을 통해 협력하여 중국을 견제한다.

미국의 '자유롭고 열린 인도-태평양' 구상이 쿼드와 쿼드 플러스를 중심으로 대중국 봉쇄 블록이 되는 것을 아세안 국가들은 우려 하였다. 아세안 국가들은 남지나해에서 신냉전이 벌어지는 것을 경계하며 아세안은 '아세안 중심성'을 유지하기를 원한다는 뜻을 밝혔다. 그러나 남지나해에서 중국의 무력과시 수준이 높아지면 아세안 국가들은 불가피하게 미국과 군사적으로 더 긴밀하게 협력할 수밖에 없다.

아세안 주요 국가들은 미-중 경쟁에서 중국에 편승(bandwagoning)하지 않고 미국과 중국 사이에서 협력과 견제를 적절히 구사하는 '헤징전략'으로 대응하려 해왔다. 그러나 중국의 영토적 야심과 무력과시 수준이 높아지면 현 수준의 헤징전략에서 좀 더 나아가 적극적으로 미국의 인도-태평양 구상으로 접근할 가능성도 있다.

아세안 주요국들의 전략을 '헤징전략'으로 본다면 한국의 전략은 무엇인가? 문정인 교수는 미-중 신냉전 구도 속에 한국의 전략적 선택지를 다음 다섯 가지로 분류하였다. 한미동맹 강화, 중국 편승, 홀로서기, 현상유지, 초월적 외교가 그것이다.[19] 이들 중 앞의 셋은 득과 실을 비교했을 때 바람직하지 않거나 비현실적이다. 대부분의 한국사람들은 미국과 동맹, 중국과 전략적 협력 동반자 관계를 유지하는 현상유지 전략을 선호한다고 하며, 문

---

19   문정인, 2021, p.273.

교수는 초월적 외교를 한국의 바람직한 선택으로 제시하였다.

단기적으로는 한미동맹을 유지하면서 다자안보협력, 새로운 동북아 안보 거버넌스 구축, 동북아경제공동체 구축과 다자주의 경제질서 모색 등의 열린 다자주의를 내용으로 하는 것이 초월적 외교이다.[20]

필자는 평소 한국을 중심으로 복수의 동심원을 그리는 다자주의 외교전략, 그리고 동아시아의 열린 지역주의를 한국의 대안으로 주장해왔다. 한국이 강대국의 틀에 수동적으로 의지하지 않고 동아시아 국가들이 중심이 된 열린 지역주의 외교의 성과를 냈던 경험이 있다. 동아시아 외환위기 때 김대중 정부는 동아시아 공동체 추구를 위해 동아시아 비전그룹을 유치하며 주도적 역할을 하였다.

한국을 중심으로 동심원을 그리는 복수의 다자주의 외교는 한국의 국익을 중심으로 여러 개의 외교관계가 중첩적으로 포함되어 구성된다. 경제외교로는 동아시아 경제공동체 추구, RCEP과 CPTPP 가입 등을 포함한다. 문재인 정부에서 수립한 신남방외교와 신북방외교는 경제적 실리 추구를 위해 중국의 일대일로와 접점을 찾아 진행할 수 있을 것이다. 안보적으로는 한미동맹을 유지하되 한반도를 중심으로 하여 남북한 및 미, 중, 일, 러 주변국을 포함한 다자적 안보협력기구 형성을 추구한다.

미-중 경쟁에서는 한미동맹을 준수하되 사안에 따라 유연한 균형을 취하며 중국과 실리외교를 추구해야 한다. 미국과 동맹

---

20 문정인, 2021, pp.294-309.

관계인 한국의 입장을 이해시키고 중국과 실리외교를 구사하면서 한반도 문제에서는 양 대국 사이에서 적극적으로 주도적 역할을 해야 한다. 물론 이런 선택은 미-중 관계가 악화되어 한국이 양자택일을 강요받는 상황이 되면 불가능할 수도 있다. 한국이나 동아시아 국가들이 양자택일의 기로에 서는 신냉전 상황을 피하기 위해 동아시아 국가들은 강대국 분쟁에 휘말리지 않는 최선의 균형을 취해야 할 것이다. 한국을 중심으로 한 한국의 다자외교와 아세안의 '아세안 중심성'을 원칙으로 한 외교가 만나 강대국에 휘둘리지 않는 동아시아 외교의 방향을 정립해나가야 할 것이다.

동북아 안보와 중·미 관계

왕샤오커(지린대)

미국 바이든 정부의 동맹정책과 대중국 정책, 대러시아 정책이 점차적으로 정립되었다. 동북아 지역 정세는 새로운 면모를 보이고 있다. 그러나 동북아의 지정학적 구조의 근본적인 변화는 없다. 바이든 정부는 트럼프 정부의 중국과 직접 충돌하는 전략적 경쟁 모델을 바꾸었지만 이데올로기 강조와 동맹연합 포위의 방식으로 중국과 지속적으로 경쟁 중이다. 이런 방식은 중·미 직접 충돌의 위험을 어느 정도 낮추지만 이데올로기 충돌이라는 돌이킬 수 없는 안전위험이 폭발할 확률은 높고 동북아 지역은 권력의 양극에서 그룹(진영) 양극으로 나아갈 위험에 직면해 있다.

1. 중·미 경쟁과 동북아 패턴의 양극화 추세

바이든 정부가 집권한 이래 일련의 발언과 발표된 정책으로 볼 때 중국을 주요 경쟁자로 지정한 것은 변함없는 대중국 정책의 기조이다. 그저 트럼프 정부와 달리 바이든 정부는 경쟁과 필요한 협력을 병행하기를 원한다. 대중 정책 분야에서 바이든 정부는 트럼프 정부보다 이데올로기 투쟁을 더 중시하고, 중국과의 경쟁 분야는 경제, 안전, 인권, 지적재산권, 글로벌 거버넌스 등 다양한 분야를 포괄한다. 대중 정책 수단 방면에서는 트럼프의 정면충돌식 방식의 조정, 더욱 다양한 전략, 동맹의 적극 이용, 외교적 봉쇄 강화, 여론전 강화, 군사적 억제력 유지 등이 바이든 정부가 이미 취한 조치다. 이 가운데 동맹에 대한 전략적 동원, 대중국 통일전선(统一战线) 구축은 바이든 대중국 정책 수단의 가장 뚜렷한 특징이다. 바이든은 "미국의 동맹은 우리의 가장 위대한 자산이다."라고 주장했다.[1] 게다가 유럽에서 인도-태평양 지역까지 바이든 정부는 이미 일련의 동원을 진행했다.

트럼프에서 바이든에 이르기까지 미국의 대중 정책은 전략적 전환을 완료했고, 중미 관계는 이미 질적인 변화가 일어났으며, 이런 질적 변화의 뒤에는 세계 구도의 중대한 변화가 있었다. 2020년까지 중국의 GDP는 이미 미국의 72.70%에 달하여 소위 60% 경계선을 크게 넘어섰다. 2020년 세계 500대 기업 순위에서 중국 회사 수는 124개로 사상 처음으로 미국(121개)을 추월했다.[2] 군사비 지출에서 중국은 미국을 제외한 모든 국가를 훨

---

1   바이든은 취임 후 처음으로 외교정책연설을 하면서 "미국이 돌아왔다"고 언급했다. https://www.chinanews.com/gj/2021/02-05/9405169.shtml.

2   2020년 『포춘』 세계 500대 상위 133개 중국 회사. http://www.

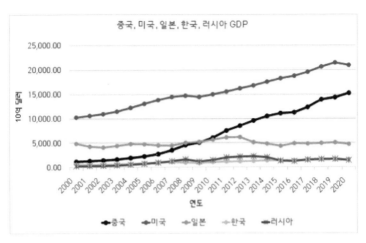

중국, 미국, 일본, 한국, 러시아 GDP

출처: 세계은행

씬 능가할 뿐만 아니라 빠른 성장 속도를 유지하고 있다. 과학기술 연구개발에서 중국은 2013년 이후 R&D 경비의 총량 세계 2위를 유지해왔다.[3] 전반적으로 중국은 미국과 종합 실력에서 적지 않은 차이를 보이고 있지만 미국 이외의 다른 나라와 뚜렷한 차이를 보이고 있다는 데는 의심의 여지가 없다. 이에 따라 점점 더 많은 학자들이 세계 구도가 양극화 또는 양초다강(兩超多强-두 패권국과 여러 강대국) 방향으로 발전하고 있다고 생각하는 학자들이 늘고 있다.

특히 동북아 지역에서는 이런 양극화 패턴이 더욱 두드러진다. 지역 내 각 나라의 국력이 동북아 지역에 분배되는 문제를 고려

---

fortunechina.com/fortune500/c/2020-08/10/content_372146.htm.

3 중국의 R&D 투자는 지속적으로 새로운 최고치를 기록했다. http://www.xinhuanet.com/politics/2020-10/06/c_1126577095.htm.

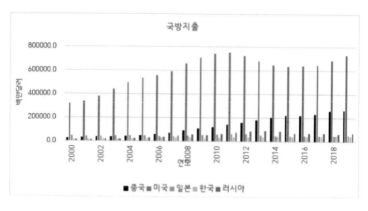

출처: 스톡홀름 평화 연구소

해야 하기 때문이다. 즉, 각 국력의 특히 군사력의 비율을 동북아 지역에 사용할 수 있기 때문이다. 미국은 지리적으로는 동북아에 속하지 않는다. 이는 그가 모든 국력을 동북아 사무에 분배할 수 없다는 것을 의미한다. 러시아는 유라시아 국가이고, 중국도 동북아(남해 지역의 영토가 중국을 동남아시아로 확장시키는 것)에 완전히 속해 있는 것은 아니다. 한국과 일본만 비교적 순수한 동북아 국가에 속한다. 중국은 이익 관심도 지리적 분포도 동북아 지역의 국력 분배 비율이 일본과 한국 다음으로 높다. 미국은 이미 미군 총병력의 28%, 약 37만 5000명과 해군 함정의 60%를 인도 지역에 배치했다. 그러나 이들 병력의 상당 부분은 서태평양이 아닌 하와이 동쪽에 배치되었다. 예를 들어 인태사령관 관할 하의 제3함대와 제7함대는 제7함대만 일본에 배치하고 제3함대사령부는 캘리포니아주 샌디에이고에 위치해 있다. 인도 사령부의 네 척의 항모 중 세 척의 모항이 모두 미국 서해안에 있으며, 레이건호만

50

서태평양에 배치되어 일본에도 배치되어 있다. 이에 따라 미국이 동북아에서 유지하는 상비병력은 주로 주한미군 2만 8500명과 주일미군 5만 8000명이다.[4] 이런 점에서 동북아 지역의 중·미 양국 국력 격차는 양국의 전반적인 국력 격차보다 작으며 양극 구도의 태세가 더욱 두드러진다.

2. 동북아 지역의 양극화 추세가 지역 안보에 미치는 영향

지역 안보는 국제 안보의 범주에 속하며, 단순한 지역 안보 이슈의 집합체가 아니라, 더 많은 체계 차원의 개념이다. 개념적으로 볼 때, 국제 안보에는 단일 국가 수준의 안전뿐만 아니라 국가 간의 안보 상호작용에도 더 많은 영향을 미치며, 전체 국제체계의 평화와 안정성을 포함하기도 한다. 구체적으로 지역안전에서는 국제체계의 범위를 지역체계로 제한한다. 여기에는 지역 내 단일 국가의 안보, 지역 안보 이슈의 긴장 정도, 지역 체계의 평화, 안정 상태가 포함된다. 이 가운데 국가 간 안보 상호작용이 지역 체계의 평화와 안정성을 파괴하거나 파괴할 가능성이 있는지 여부는 지역 안보를 정의하는 중요한 지표다.[5]

국제관계 학계의 오래된 그리고 계속되는 논쟁에서 볼 때, 단

---

4   『아시아 태평양 미군 보고서 2020』, 중국 남해연구원, 2020, pp.12-31.

5   판중치, 『국제정치학 이론 분석』, 상하이 인민출판사, 2015, p.137.

급, 양극 또는 다극 구조가 전 세계 및 지역 안보에 미치는 영향에 대해서는 통일된 의견이 없다. 존 조셉 미어샤이머의 공격적 현실주의조차도 동북아에는 적용되지 않는다. 중·미 사이에는 실제로 세력균형 양극 구조가 형성되지 않았고 이 방향으로 발전하고 있기 때문이다. 따라서 중·미 경쟁으로 인한 동북아 지역의 양극화 구도가 반드시 지역 안보의 충돌 혼란이나 평화 안정을 가져오는 것은 아니다. 하지만 동북아 지역 차원의 실제 세력 관계와 함께 지내는 방식에 따라 구체적으로 분석해야 한다.

단위체 차원(Unite level)에서 동북아 지역 구도의 양극화 추세가 지역 내 국가에 미치는 안보 영향은 불확실하다. 중·미 경쟁 당사국에서 볼 때, 중국에 대한 미국의 봉쇄 조치는 중국에 더 큰 안보 압력을 가할 수밖에 없다. 미국의 또 다른 억제 대상인 러시아는 동북아 지역의 양극화 추세가 오히려 안보 압력을 완화하는 데 도움이 된다. 중국이 미국에서 가장 중요한 경쟁자로 꼽히는 것은 러시아가 동북아에서 직면한 미국의 전략적 압력이 중국에 더 많이 분담된다는 것을 의미한다. 북한으로서는 미중 간 경쟁이 북한에 양다리를 걸칠 기회를 제공하고 있다. 그러나 중·미 양국은 핵 확산 방지에 대해 비슷한 이익 호소를 갖고 있어 북한이 중·미 경쟁과 동북아 지역 구도의 양극화를 이용해 안보 환경을 개선할 것이라고 단정하기 어렵다. 미국의 동맹국인 일본과 한국이 직면한 안전위험은 매우 불확실한 상태에 놓였다. 한편으로 한국과 일본은 비대칭 동맹의 구조적 제약으로 미국의 대중국 억제 정책(협력 정도에는 한·일 간 약간의 차이가 있음)에 협조

할 수밖에 없고, 미국의 힘으로 중국의 부상을 견제하되 이에 따른 불편함을 완화하기를 희망하고 있다. 또 한편으로는 한국과 일본이 미국에 연루될 위험도 크게 높아지고, 미국과의 동맹관계 강화, 특히 동맹 의제가 중국의 민감한 분야(예: 대만 문제)와 관련될 경우 한·일 양국은 중·미 분쟁에 휘말릴 위험에 직면하게 된다.[6]

　지역 이슈로 볼 때 동북아 지역 구도의 양극화 추세는 이슈가 격화될 가능성도 높다. 지역 이슈는 지역 국가 상호작용의 산물이고, 글로벌 및 지역 체계가 변화할 때 발생하며, 시스템이 다시 조정될 때 격화될 수 있다. 동북아의 이슈는 기본적으로 이렇다. 한·일 독도 분쟁, 중·일 댜오위다오(釣魚島)분쟁, 러시아 쿠릴 열도 분쟁은 모두 제2차 세계대전이 끝난 후 얄타 체계가 수립될 때, 북한 핵 문제는 냉전이 끝나는 양극 구도가 해체될 때 발생했다. 동북아 지역 구도의 양극화 추세는 동북아 지역 체계와 글로벌 체계 조정의 중요한 내용이며, 대국 권력 변화의 임계점에서는 국가 간 상호작용에 문제가 생기기 쉽다. 중·미 경쟁은 양국 간 마찰의 확률을 크게 증가시켰다. 중·미 경쟁 전망의 불확실성으로 시스템 내 다른 나라들은 명확한 취사를 할 수 없게 되었지만, 그들은 모두 체계 조정, 질서 개조 과정에서 자국의 이익 공간을 최대한 쟁취하고 싶어 한다. 그에 따라 각자 실시하는 정

6　과거의 경험으로 볼 때 한일 양국은 미국과의 동맹 관계를 강화할 때 상당한 차이가 있다. 한국은 중미 간에 일정한 균형을 유지하기를 희망하며, 일본보다 더 자제하는 경우가 많다.

책이 경쟁과 갈등을 일으킬 가능성은 현저히 높아진다. 한·일 양국의 최근 역사와 영토 분쟁, 무역 마찰이 바로 이런 상황이다. 미래 질서 구축에서 자신의 전략적 구상에 맞는 프레임을 마련하기 위해 양측은 이런 모호한 문제에 대해 자국에 가장 유리한 해석과 주장을 모색했다.[7]

지역 체계 차원에서 중·미 경쟁으로 인한 양극화 추세는 체계의 불안정성을 현저히 악화시켰다. 체계 내에는 단위체 외에 규칙, 관념 등 기본 요소도 포함되어 있다. 최근 몇 년간 중·미 경쟁은 점점 더 '규칙의 경쟁'으로 드러났고, 바이든 정부가 출범한 이후 중·미 간 '관념의 충돌'도 더욱 두드러졌다. '규칙의 경쟁'과 '관념의 충돌'은 체계의 안정성에 현저한 영향을 미칠 것이다. 체계 차원에서 볼 때, 지역 안보는 일종의 평화로운 상태로 드러날 뿐만 아니라 일정한 안정성, 즉 '안정된 평화'를 유지해야 한다. 한 체계의 불안정이 마찰과 갈등의 확률을 크게 증가시킬 수 있고, 불안정한 체계가 '전쟁이 일어나지 않는' 평화 상태를 유지할 수 있지만, 체계 내 국가의 안정감은 그리 강하지 않기 때문이다. 오바마 정부 시절 미국은 새로운 무역규칙을 확립하기 위해 TPP를 추진하고 미국이 규칙을 쓰지 않으면 중국이 이렇게 할 것이라고 경고했다. 남해 문제에서 미국도 본 지역에 '규칙 기반' 국제질서를 확립해야 한다고 강조했다. 중국이 '일대일로' 이니셔티브 시행을 추진하고, 아시아 인프라 투자은행(AIIB)을 설립

---

7 이정정, 「무역마찰과 한일 관계의 새로운 변국」, 『현대국제관계』, 2019년 8호, p.6.

하며, '지역전면경제파트너십협정(RCEP)' 서명을 추진하는 것도 자신의 규칙 제정에 대한 발언권을 강화하기 위해서이다. 바이든 정부의 출범 이후 미국은 인권, 가치 등 이데올로기 분야에서 중국에 대한 공격을 강화하고, 중국을 이데올로기와 제도 모델의 라이벌로 명확하게 포지셔닝하고, 중·미 경쟁을 민주주의에 대한 독재의 억제로 묘사하며, '민주적 가치'로 더 많은 '권위주의'에 대항해야 한다고 주장한다.[8] 중국의 대외정책은 여러 해 동안 이데올로기를 강조하지 않았지만, 미국의 고의적인 공격으로 양국 간의 관념 충돌이 불가피하게 되었다. 관념 충돌은 물질적 충돌보다 조화가 더 어렵고, 체계에 대한 불안정성이 더 크다.

3. 동북아가 직면한 주요 안전 위험

중·미 경쟁의 장기화는 이미 불가피하게 되었으며 동북아 지역 안보에 미치는 영향도 한동안 지속될 것이다. 중·미의 물질권력(Physical power)에 대한 경쟁은 동북아 지역에서 재래식 안전 충돌의 위험을 증가시켰고, 바이든 정부가 도발한 이데올로기 분쟁으로 동북아는 화해하기 어려운 이데올로기 충돌의 위험에 직면하게 될 것이다. 더욱 경계해야 할 것은 중·미 양국의 경쟁이 동북아가 권력의 양극에서 그룹의 양극으로 변한다면, 즉 중

---

8   바이든의 외교 정책 조정: 중국-러시아 위협에 대한 강경 대응, https://www.bbc.com/zhongwen/simp/world-55946302.

·미 경쟁과 대항이 중·미를 비롯한 두 그룹의 경쟁과 대항으로 변질될 경우 동북아의 충돌 가능성이 더욱 높아질 것이라는 점이다.

동북아가 직면한 주요 안전 위험으로는 첫째, 일반적인 보안 충돌의 위험이다. 중·미 양국의 전략적 경쟁이 경제력, 군사력, 과학기술력 등 물질권력 쟁탈에 집중된다면 무역 분쟁, 군비 경쟁, 과학기술 탈착 등이 위험 요소가 될 것이다. 이는 중·미 사이뿐 아니라 한·일 사이, 중·일 사이에도 발생할 수 있다. 패턴의 변화는 이슈를 격화시켜 체계의 불안정을 초래할 수 있기 때문이다. 경쟁 강도가 더 높아지면 동북아 지역은 핫한 이슈로 인해 소규모 충돌이 발생할 수 있으며 북핵 문제, 댜오위다오 문제, 대만 문제 등이 충돌을 일으킬 수 있다.

둘째, 이데올로기 갈등의 위험이다. 물질권력 경쟁과 비교해 이데올로기 분야는 흥정하고 물러설 여지가 거의 없다. 생존을 위태롭게 하지 않는 한, 국가와 단위체 모두 일부 물질적 이익의 손실을 받아들일 수 있다. 그러나 이데올로기 분야에서는 '부분 손실'이라는 개념이 없다. 의식적으로 이데올로기 이견을 강조하거나 심지어 이데올로기의 우열을 강조하는 나라에는 옳고 그름만 존재한다. 1980년대부터 중국의 대외정책은 점차 이데올로기화를 시작으로 선진 자본주의 국가 정치제도와 정부 통치의 경험을 자발적으로 배워 제도 개혁과 통치 수준 개선을 이어가고 있다. 그러나 미국을 대표하는 선진 자본주의 국가들은 시종 중국 이데올로기에 대한 편견을 바꾸지 않고 민주제도의 다양성을 받아들이기를 거부했다. 미국이 이데올로기 분야에서 중국에 대한 압박을 지속적으로 강화하고 심지어 이데올로기 이견을 중·미 경쟁의 핵심으로 삼는다면 동북아 지역의 충돌 가능성과 강도는 물질권력 경쟁으로 인한 충돌을 크게 능가할 것이다.

셋째, 권력의 양극화에서 그룹의 양극화으로의 위험이다. 바이든 정부는 동맹의 역할을 강조하고 동맹과의 연합을 중시하며 '공동의 의제를 가지고' 중국을 '변화'시키려 한다. 미국이 유럽 동맹국, 인태동맹과의 관계를 강화해 중국에 대항하는 전략적 틀은 이미 분명하다. 일부 동맹국들은 미국의 대중 정책과 일정한 거리를 유지하려고 노력하지만 미국과 동맹 간의 대중 정책 협력 정도는 눈에 띄게 높아져간다. 바이든 정부는 또한 인권, 가치 등을 동맹관계와 연결시켜 이른바 '민주동맹'을 강조하는데, 이런 서술은 유럽, 일본, 심지어 한국의 환영을 받았다. 이는 실제로 매우 위험한 상황이다. 이는 이데올로기 충돌 문제일 뿐만 아니라 중·미 경쟁이 권력 양극에서 그룹 양극으로 진화할 수 있기 때문이다. 권력의 양극화는 두 초강대국의 실력이 다른 나라를 훨씬 능가하는 것을 의미하고, 그룹 양극은 체계 내 국가들이 서로 대항하는 두 연합에 모이는 것을 가리킨다.[9] 일반적으로 권력의 양극은 안전 위험을 통제하기 쉽다. 초강대국은 갈등의 비용이 많이 들기 때문에 더욱 신중할 것이기 때문이다. 일단 두

---

9 Frank W. Wayman. "Bipolanity and War: The Role of Capability Concentration and Alliance Patterns among Major Powers, 1816-1965." *Journal of Peace Research*, Vol. 21, No. 1, March 1984, pp.61-78.

개의 대립 집단이 형성되면, 행동체와 상호 작용 행위가 증가하면서 충돌 발생 확률이 높아진다. 동북아 지역은 냉전 기간 동안 중러북과 한미일과의 대립이 있었다. 그룹 대항이 다시 나타나는 것이 불가능하지는 않기 때문에 그 안전위험은 더욱 커질 것으로 보인다.

한반도 정세 및 북중관계 전망

장후이즈(지린대)

2018년 이후 한반도 정세는 전쟁의 위기에서 급속히 전환되었으며, 북한은 중국, 한국, 미국, 러시아와 정상회담을 거듭하였다. 북한은 '완전한 한반도 비핵화'의 의지를 강조하며 핵실험과 장거리 탄도 미사일 발사 중단을 약속했을 뿐만 아니라, 심지어 국제제재 완화의 대가로 영변 핵시설을 폐기할 용의를 보였다. 하지만 2019년 2월 하노이 정상회담 실패로 북미 핵 협상이 교착상태에 빠지고 '새로운 방안' 촉구에 실패함에 따라 북한은 미국에 대한 기대를 상실하였다. 하여 북한은 초대형 방사포 발사뿐만 아니라 북한의 '전략적 지위를 또 한 번 변화시키는 데서 중요한 작용을 하게 될 중대한 시험'까지 진행하였고 "비핵화는 협상 테이블에서 이미 빠졌다"고 선언하였다. 이에 맞서 미국은 "필요시 무력도발…… 북한 모든 것을 잃을수도 있다"며 경고하였다. 2020년 코로나19 확산은 세계경제와 국제정세에 중요한 영향을 미쳤다. 북한은 바이러스 유입을 막기 위해 국경을 전면

봉쇄하였다. 코로나19와 국경봉쇄는 북한의 경제난을 심화하였고 북한은 정책방향을 대외경제관계 발전에서 국내건설 강화로 전환하여 남북 및 북미 관계 모두 교착 상태에 처하였다. 하지만 바이든 정부가 대북정책 재검토를 마치고 북한이 8차 당대회를 마무리 지으면서 북미간 새로운 탐색전이 시작되었고 한반도 정세의 새로운 변화 가능성을 보여주고 있다.

1. 코로나19와 국제제재 2중재, 북한 경제난의 가중

2020년 1월 1일, 김정은 위원장은 예외로 신년사를 생략하고 노동당 7기 5차 전원회의 결정문으로 대체하였다. 전원회의에서는 '전면돌파전'으로 국제제재를 극복하고 복잡한 국제 정세 속에서 노동당 창당 75주년 계획목표 달성을 명시하였다. 하지만 2020년 코로나19 대유행으로 인해 세계 각국이 상대적 국경 봉쇄상태에 돌입하자 코로나19 유입을 피하기 위해 북한도 국경을 봉쇄할 수밖에 없었다. 코로나 바이러스가 세계 각국에서 기승을 부리고 있는 상황에서 적절한 의료 및 보건 조치가 부족한 북한은 방역을 위해 국경봉쇄 기간을 연장할 수밖에 없었다. 이로 인해 대외경제협력이 정체되고 수출입 무역과 인적교류가 전면 중단되어 취약한 북한 경제에 진일보 심각한 타격을 입혔다.

근래 북한은 비록 다양한 경제관리 개선조치를 통해 경제건설에 힘 싣고 일정한 성과를 거두었지만 지속된 가뭄·홍수·태풍 등의 자연재해로 인해 식량 공급에 큰 부족이 지속되었다.[1] 이와 동시에 국제제재의 영향으로 인해 북한은 생산에 필요한 원자재와 생산자재, 에너지를 제대로 수입하지 못하고 있으며 공업, 특히 중화학공업 생산성이 떨어지고 경공업 생산에도 큰 차질을 빚고 있다. 2020년 6월 노동당 7기 13차 정치국 회의에서 특별히 평양 주민들의 생활 보장 문제를 언급한 것은 당시 수도의 정상적인 생활에도 문제가 있었음을 시사한다.

2021년 초 열린 북한 노동당 8차 당대회는 경제난을 반증하였다. 김정은 위원장은 8차 당대회에서 7차 당대회 이래 5년간 사업을 전면적으로 총결하고 향후 과제를 구체적으로 제시하였다. 그는 '국가경제개발 5개년전략(2016-2020)' 목표의 엄청난 미달을 진솔하게 인정하였을 뿐만 아니라 "그 원인을 객관이 아니라 주관에서 찾고 총결기간 얻은 경험과 교훈, 범한 오류를 전면적으로 깊이 있게 분석 총화하고 그에 기초하여 과학적인 투쟁목표와 투쟁과업을 확정하여 아픈 교훈들은 되풀이되지 않도록 예방하여야 한다"고 강조 하였다. 이는 김정은 위원장의 국정 운영 자신감 강화를 반영하는 한편 당면한 도전과 문제점을 직시하고 있음을 보여주고 있다. 북한은 경제계획 미달의 객관적 이유로 우선 미국과 적대세력들이 감행한 최악의 야만적인 제재봉쇄가

1　FAO 보고에 의하면 2020년 북한의 식량 부족량은 약 37.4만 톤이고, 약 천만 명이 식량부족 상황에 처하여 있으며 이는 북한 총인구의 약 40%에 해당함. 하지만 2021년 북한의 식량 부족량은 약 86.5만 톤에 달함. 출처: FAO, 코로나발 북한 식량난 경고…"1천만명 식량 부족", 연합뉴스, 2020. 7. 18, https://www.yna.co.kr/view/AKR20200718021100504?input=1195m

초래한 결과로 인정하고 있다. 다음으로 연이어 들이닥친 혹심한 자연재해와 지난해에 발생한 세계적인 보건위기의 장기화도 경제사업에 심각한 장애로 되었다고 분석하였다. 또한 국가경제 발전 5개년전략이 과학적인 타산과 근거에 기초하여 똑똑히 세워지지 못하였으며 불합리한 경제사업 체계와 질서를 정비보강하기 위한 사업이 제대로 추진되지 않은 실태를 내적 원인으로 분석 비판하였다. 보고에서는 유관 부문의 무책임한 사업태도, 무능력, 그리고 지금과 같은 구태의연한 사업방식을 비판하였다. 보고는 당과 국가의 전반사업을 새로운 혁신, 대담한 창조, 부단한 전진을 지향하고 장려하는 것으로 확고히 전환하며 전진을 구속하는 낡은 사업체계와 불합리하고 비효율적인 사업방식, 장애물들을 단호히 제거하기 위한 조치들을 강구하여야 한다고 하면서 이렇게 함으로써만 앞으로 달성하여야 할 국가경제의 전망 목표를 비롯하여 사회주의건설을 위한 투쟁이 인민들에게 실제적인 복리를 가져다주는 위대한 혁명사업이 되게 할 수 있다고 하였다. 북한이 직면한 현실적 어려움과 내부적 폐해를 직설적으로 인정한 것은 북한 지도자가 전통을 깨고 현실을 직시하며 실사구시적으로 문제를 해결해나가려고 하는 새로운 국정운영 특징을 보여주고 있으며 능력과 지혜로 어려움을 이겨낼 수 있다는 당과 지도자의 자신감과 의지를 시사하고 있다.

이와 동시에 북한의 경제적 어려움도 무시할 수 없다. 한국은행 통계에 의하면 2020년 북한의 대중 수출은 약 4800만 불, 수입은 4.91억 불이다. 중국을 제외한 10대 무역국 수출액은 약

7479만 불, 수입은 1.18억 불이다. 이로 볼 때 2020년 북한의 총 교역액은 약 8억 불로 2019년 32.45억 불에 비해 훨씬 낮은 것으로 추산된다.

김정은 위원장은 북한이 당면한 국내 문제를 분명히 이해하고 통제를 강화하기 위해 노력하고 있다. 올해 들어 북한 노동당 중앙 정치국과 군사위원회는 여러 차례 회의를 열어 당 건설, 경제 건설, 군사 건설, 공공 위생, 사상문화 등 여러 방면에 걸쳐 문제점을 제기하고 목표를 강화하였다. 국내에 존재하는 반당·반사회주의·특권·전횡·관료주의·부정부패 행위를 명확하게 제시한 것으로 볼 때 국제제재와 코로나의 장기화가 경제가 당면한 각종 문제를 가중시키고 북한에 새로운 통치 과제를 안겼다.

2. 북한 반사회주의·비사회주의와의 투쟁 운동

김정은은 집권 이후 '인민대중 제일주의'구호를 내세우며 간부들에게 인민을 위해 헌신 할 것을 강조했다. 국제제재와 코로나 19가 국내 경제 및 사회 안정에 미치는 영향에 맞서 북한은 사상문화 건설을 강화했다. 그 주요 조치로 반사회주의·비사회주의 현상과의 단호한 투쟁을 제기하였다.

2019년 이후 여러 차례 진행된 정치국 회의에서 북한은 '반사회주의·비사회주의 현상을 단호히 제거한다'는 목표를 명확히 하고, 나아가 '비사회주의 극복'을 위해 2020년 말 '반동사상문화 배격법'을 제정했다. 2021년 북한은 중앙·도·시·군에서 합동 지휘부를 구성해 '반사회주의·비사회주의' 색출 운동을 본격화하고 있다.

'반사회주의'란 사회주의 강국 건설에서 제국주의자와 국내의 반동분자, 적대분자들이 수령의 사상과 영도를 받아들이지 않고 인민 대중의 자주적 위업, 사회주의 제도를 파괴하고 자본주의로 귀항하는 등의 현상과 행위를 반대하는 등 심각한 정치적 과오를 범하는 행위를 지칭한다. '비사회주의'는 사상도덕 방면에서 향락, 부정부패, 관료주의, 본위주의, 부정 행위 도모, 자본계급 생활 지향 등 부정한 생활태도를 가리킨다. 특히 근년에 남북관계가 호전되면서 한국의 음악, 영화 등의 '한류'가 은밀히 북한으로 유입되어 일반대중에서 당 간부들에 이르기까지 인민들에게 큰 영향을 미치고 있다. 북한은 이러한 현상을 '비사회주의적 현상'이라고 비판한다. 북한은 2015년부터 한국의 음악, 영화, 드라마 등 비사회주의적 현상을 근절하기 위해 노력해왔다. 같은 해 북한은 형법을 개정하여 한국 음악을 듣는 행위를 10년 이하의 로동교양죄로 선고했다.(형법 개정전에는 1년 이하의 형벌에 불과함)

2016~2017년 동안 엄중한 국제환경과 강력한 국제제재로 인해 이제 갓 호전되기 시작한 북한경제에 타격을 주어 북한 사회 내부에서 사상적 동요가 일어나고 경제관리에 대한 국가의 통제력이 떨어지고 경제체제와 경제질서에 혼란이 빚어지고 있다. 이에 대응해 2017년 11월 열린 전국사회일꾼대회에서 북한 노동당

중앙위원회 부위원장은 국제제재의 영향으로 국내 각계에 나타난 사상적 동요를 질타하는 발언을 했다. 12월에 열린 노동당 기층 당 세포비서대회에서 김정은 위원장은 반사회주의 현상을 소멸하라는 공식 지시를 내렸다. 2020년 노동당 중앙정치국과 군사위원회가 개최한 각종 회의에서 김정은은 당 건설, 경제건설, 군사건설, 공공위생, 사상문화 등 영역에 존재한 문제점을 여러 차례 언급하였고 북한에 존재하는 반당·반사회주의·특권·전횡·관료주의 등의 행위들을 지적하였으며 당의 기강을 강화하고, 각 업무가 당 강령의 노선에서 이탈하지 않도록 노력할 것을 강력히 요구하였으며 또한《반동사상문화배격법》을 공포하였다. 북한은 올해 들어 정치운동으로 반사회주의·비사회주의 현상에 대한 투쟁을 본격화하고 있다. 노동당 8차 대회 및 8기 2중전회와 기층 당 지부 서기대회는 물론 이후 열린 청년동맹, 직업총동맹, 농업노동자동맹, 사회주의여성동맹 등 노동단체 전체회의에서도 예외 없이 반사회주의·비사회주의와의 결연한 투쟁을 강조했다. 김정은은 전당, 전국, 전민의 교육 강화, 규율 확립을 강조하였고 사회생활 모든 영역에서 반사회주의·비사회주의 현상을 단속하고, 직권남용·관료 농락·횡령·부패·요금할당 등 모든 것을 엄격히 처벌할 것을 명시하였다. 이로서 북한은 성격과 상황에 관계없이 반사회주의·비사회주의 현상을 범죄행위로 규정하고 당 조직·정권기관에서 투쟁을 강화할 것을 요구하고 있음을 알 수 있다.

3. 중북관계전망

2018년 초 중북 정상회담 이후 양국 관계는 신속히 회복, 발전 되었고 전략적 협력 수준을 강화하였다. 중국은 한반도의 평화와 안정, 번영에 기타 나라들이 대체할 수 없는 역할을 하고 있다.

첫째, 중국은 북핵 문제의 평화적 해결 입장을 견지하며 한반도의 평화와 번영을 굳건히 수호했다. 한반도는 세계에서 가장 민감하고 취약한 안보환경에 위치한 지역으로 한반도 평화와 안정을 유지하는 것은 중국의 국가안보와 동북아 지역 안정을 위한 중요한 전략목표이다. 중국은 한반도 정세 동향과 변화를 면밀히 주시하고 북한문제와 북핵문제의 평화적 해결을 강력히 요구하고 있으며, 집 앞에서의 생전생란을 윤허하지 않는다(不允许在中国的家门口"生战, 生乱")는 입장을 견지하고 있다. 중국의 확고한 한반도 평화 · 안정 정책목표는 2017년 북미의 전쟁 일보 직전 정책을 견제하고 2018년 한반도 정세를 전환하는 데 기여했다.

비록 바이든 정부가 이미 대북정책 재평가를 마치고 "한반도의 완전한 비핵화 달성" 목표를 견지하고 "조정된 확실한 방법으로 북한과의 외교관계 모색"할 것을 주장하였지만 "북한의 완전한 비핵화는 믿을 수 없는 어려운 목표이며 그는 그 목표 달성에 아무런 환상을 갖고 있지 않다"는 입장은 북핵 해결 의지가 없음을 보여 준다. 북한 또한 한반도의 완전한 비핵화라는 목표 대신 전략전술무기 개발과 활용을 더욱 강화해야 한다고 주장했다.

이로 볼 때 협상의 주요 당사자들은 이 문제에 대해 어떠한 가치 있는 합의도 도출하기 어려울 것이고, 북미 양국은 여전히 강력한 조치를 취해 한반도 정세를 격화시킬 가능성이 있다.

중국은 북미 양국 서로 상대방이 첫걸음을 내딛기를 기다리고 또한 양국 모두 한국이 북핵 협상에 개입하는 것을 원치 않는 상황에서 북미 협상 재개에 노력하였고 한반도의 평화와 안정을 유지하는 데 중요한 역할을 할 수 있다.

둘째, 중국은 한반도 평화체제 구축에 기타 나라들이 대체할 수 없는 역할을 하고 있다. 한반도 문제는 동북아 각국에 있어 전략적인 문제이다. 미·중·러·일 등 강대국들은 한반도에서 각각 다른 전략적 목표와 한반도 통일의 장기 흐름에 대한 공통된 인식을 공유하고 있다. 이에 따라 한반도 정세가 자국에 유리한 방향으로 전개될 수 있도록 각국의 강점과 영향력을 발휘하려는 노력이 뒤따르고 있다. 대국 간 복잡하게 얽힌 갈등과 이익은 한반도 정세의 향방에 상당 부분 영향을 미치고 있다. 또한 한반도 정세 변화도 주변 대국의 이익과 정책에 영향을 미친다. 따라서 강대국의 협력은 한반도의 평화를 지키는 데 매우 중요하다.

한반도 비핵화 협상 추진에서 중국의 쌍중단과 쌍궤병행 주장은 다방면의 지지를 얻고 있다. 쌍궤병행의 중요한 목표는 한반도 평화체제 구축이며, 이것이 북한의 안전보장을 위한 중요한 길이다.

평화체제는 법적으로 전쟁상태를 종식시키고 다시는 전쟁이 일어나지 않도록 할 뿐만 아니라 평화를 교란하는 비평화적 요소를 제거해야 하며, 외교, 안보, 경제 등 각 분야에서 한반도 평화를 위한 제도적 장치를 마련해야 한다. 한국은 그동안 북핵 문제 해결을 위한 중국의 역할을 배척하고 자신의 미북 관계 조정 능력을 과대평가해왔다. 이는 오히려 한국에 대한 북한의 반감과 냉담한 반응을 초래했다. 한반도 평화체제 구축을 위한 미·북·남 3자 협의는 북한이 굴복하도록 한미가 공동으로 압박하는 성격이 강하여 북한이 이를 따를 수 없기 때문이다. 중국의 충분한 역할이 있어야만 진정한 한반도 평화체제 구축이 가능하다.

셋째, 중국과 북한은 양국 간 당 교류를 중시하고, 중국공산당 창당 100년 동안 중국이 이룩한 국강민부(國强民富)와 국제적 위상은 노동당 건설에 큰 참고가 되었다. 북한은 노동당 건설을 강화하고 당의 통일 영도를 높이는 것이 북한의 생존과 발전을 위한 중요한 보장이 된다고 생각한다. 중국과 북한은 국가 거버넌스 차원에서 양국 간 심도 있는 교류가 가능하다.

넷째, 중북협력을 지속 강화하여 북한이 동북아 지역협력에 능동적으로 편입될 수 있도록 노력하여야 한다. 중국은 일대일로 구상 제기 후 일대일로와 동북아 국가들과의 연계를 꾸준히 추진해왔다. 한국은 이에 대해 적극적이었고, 박근혜 정부의 유라시아 이니셔티브 및 문재인 정부의 신북방정책, 신남방정책 모두 일대일로와의 연계를 추진하였다. 이는 한국의 경제성장을 획기적으로 끌어올릴 뿐 아니라 한반도 남북경협, 한국의 중앙아시아 진출에도 큰 도움이 될 것으로 기대된다. 그러나 북한은 일대일로와 동북아 지역연계에 있어서 사각지대이다. 북한의 경제 기반이 크게 낙후된 데다 갈수록 강화되는 국제 제재로 동북아의 역내 상호연결은 이뤄지지 않고 있다.

그러나 2018년 한반도 정세가 전환됨에 따라 북한이 국가발전전략을 병진노선에서 경제건설집중으로 조정하면서 일대일로 건설에 대한 태도 또한 관망하던 것에서 적극적인 연구와 토론을 하는 방향으로 전환하였다. 근래 중국은 외교·학계·상계 등 여러 경로를 통해 북한에 '일대일로' 구상을 소개하였다. 북한은 자신의 국가경제 발전전략과 일대일로의 연계를 배제하지 않고 있으나 지역협력 참여에 대한 우려는 여전히 존재한다. 한편, 일대일로 구상에 참여할 시 그에 상응하는 조건과 감시를 받아야 하는 것에 대해 우려하고 있다. 북한이 AIIB 가입 신청에 실패한 후, 필요한 정보 공개 요건을 충족하지 못하는 것이 일대일로 체제 하에서 인프라 자금조달에 참여하는 데 가장 큰 걸림돌이 될 수 있다는 것을 깨달았고, 이는 북한의 AIIB 참여 의욕을 어느 정도 약화시켰다. 다른 한편, 북한은 국제 경제협력이 자신의 기존 경제 조정 흐름을 깨뜨릴 수 있다는 우려가 있으며 북한이 주도하기 어려운 대형 지역 경제 협력에 대해 신중한 태도를 보이고 있다. 그러나 국제제재의 장기화와 북한 경제에 미치는 심각한 타격으로 북한은 경제난국 돌파의 활로를 찾아야 한다. 중국은 여전히 북한에 가장 큰 도움을 줄 수 있는 나라이다. 북한으로선 정치외교나 경제발전, 국가안보 등 영역에서 중국이 든든한

버팀목이다. 2018년 이후 5차례의 중북 정상회담은 중국의 대한반도 영향력이 대체될 수 없음을 다시 한번 확인시켜줬다. 이에 따라 북한은 이미 일대일로 건설에 참여할 경우 중국과 협력할 수 있는 구체적인 방안을 검토하기 시작했다.

문재인 정부의 한반도 신경제지도구상, 신북방정책, 신남방정책 등은 북한과의 교류와 협력을 강화해 경제의 회복과 발전을 위한 새로운 성장동력을 도모하려 한다. 일대일로에 대한 북한의 적극적인 태도는 중국의 힘을 빌어 북한과의 교류협력을 복원하고 발전시키는 가능성을 보여준다. 따라서 중국은 더 나은 프로그램을 찾아 중북남 협력을 조속히 정착시키고 중북, 중한 관계의 심화 발전에 모멘텀을 조성하여 동북아 지역협력의 기반을 다져야 한다.

코로나19 충격 이후의 북한경제[1]

홍제환(통일연구원)

북한이 2020년 1월 코로나19 유입 차단을 이유로 국경봉쇄 조치를 단행한 뒤, 1년 6개월여의 시간이 지났다. 2017년 하반기부터 대북제재가 한층 강화됨에 따라 무역 규모가 크게 줄어든 상황에서 아예 빗장마저 걸어 잠근 것으로, 무역을 재개하려는 움직임은 아직 나타나지 않고 있다.

북한은 자력갱생을 늘 강조해왔지만, 실제로는 자력갱생이 불가능한 국가다. 북한은 원유를 전량 수입해서 사용해야 하며, 식량도 자급자족하기 어려워 일정 부분 수입에 의존한다. 또 기계류를 비롯한 자본재 중 일부의 경우, 자체 생산 역량을 충분히 갖추지 못해 수입해 사용하고 있으며, 생산에 필요한 원부자재나 주민생활에 필요한 소비재 중 일부도 수입이 불가피한 실정

---

1   이 글은 홍제환, "국경봉쇄 조치 이후 북한경제의 동향: 진단과 전망", 『KDI 북한경제리뷰』 2021년 5월호, pp.62-69 내용을 대폭 수정·보완하여 작성한 것이다.

이다.

따라서 장기화되고 있는 국경봉쇄 조치는 북한경제에 상당한 어려움을 초래하고 있을 것으로 보인다. 이미 제재 강화로 인해 경제 상황이 악화된 상태에서 이루어진 국경봉쇄인 만큼, 타격이 클 수밖에 없을 것이다. 실제로 최근에는 북한경제 상황이 좋지 않음을 보여주는 여러 징후들이 확인되고 있다. 김정은 위원장이 당 중앙위원회 전원회의에서 "인민들의 식량형편이 긴장해지고" 있다고 언급한 것이나, 쌀, 옥수수 가격 및 환율의 불안정성이 커지는 것 등이 대표적인 예이다.

그렇다면 현재 북한경제는 구체적으로 어떠한 상태에 놓여 있을까. 자료적 제약이 큰 탓에 판단이 쉽지 않으나, 이 글에서는 활용 가능한 정보를 토대로 국경봉쇄 조치 이후 북한경제 상황에 대해 조심스럽게 진단하고 향후를 전망해 본다.

1. 코로나19 이전 북한경제 상황

코로나19가 북한 대외경제 부문에 가한 충격을 이해하기 위해서는 먼저 코로나19 충격이 발생하기 직전 상황부터 살펴볼 필요가 있다. 2019년 말에도 북한경제 상황은 좋지 않았다. 2017년 하반기부터 대북제재가 한층 강화됨에 따라 수출입 규모가 크게 줄어든 까닭이다. 특히 수출 감소에 따른 영향이 컸다. 〈그림 1〉은 2010년대 북한의 수출입 규모 추이를 나타낸 것으로,

2010년대 중반 30억 달러를 상회하던 북한의 수출액은 주력 수출품인 석탄, 의류 등의 수출이 금지됨에 따라 2018년 이후 예년의 1/10 수준인 3억 달러대로 급감하였다.

〈그림 1〉 북한의 수출입 규모 추이, 2010-2019(단위: 억 달러)

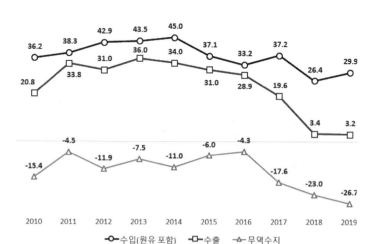

자료: UN Comtrade database

하지만 당시까지만 해도 북한주민들이 피부로 느끼는 제재의 충격이 심각한 수준에 이르지는 않았던 것으로 보인다. 그 중요한 요인 중 하나는 중간재와 소비재의 수입 규모가 예년과 비슷한 수준으로 유지되었다는 점이다(〈그림 2〉 참조). 이는 수입에 대한 제재는 주로 자본재에 집중되었기에 가능했다. 2010년대 후반 북한 수입의 대부분을 차지하는 대중 수입 추이를 나타낸 〈그림 2〉를 보면, 북한의 자본재 수입은 2018년 이후 거의 중단되었지만, 중간재와 소비재의 수입 규모는 예년과 크게 다르지 않았다. 이는 급격한 경제 위축을 피하고 주민생활을 어느 정도 안정시키는 데에 적잖은 도움이 되었을 것이다.

〈그림 2〉 북한의 사용 용도별 대중수입 추이 (단위: 억 달러)

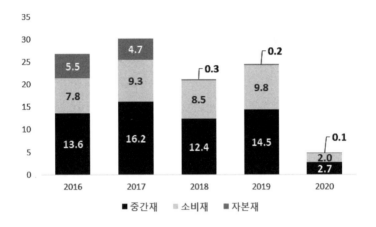

주: 원유 수입액은 포함되어 있지 않음.
자료: 2016~19년은 최장호 · 최유정, 「2019년 북중 무역 평가와 전망: 대북제재와 북한경제의 상관관계를 중심으로」, 『KIEP 오늘의 세계경제』, Vol. 20, No. 11, 2020, p.10에서, 2020년은 최장호 · 최유정, 「2020년 북중 무역 평가와 전망: 코로나19가 북한경제에 미친 영향을 중심으로」, 『KIEP 오늘의 세계경제』, Vol. 21, No. 2, 2021, p.9에서 인용함.

하지만 중간재와 소비재의 수입 규모를 유지한 것은 다른 측면에서는 문제를 야기했다. 수출이 급감한 상황이었으므로 무역적자가 크게 늘어났고, 외화보유고는 급감한 것이다. 〈그림 1〉을 보면, 북한은 2010년대 내내 무역적자 상태에 있었으며, 특히 대북제재가 한층 강화된 2017년 이후 적자 규모가 급증했음을 확인할 수 있다. 무역적자가 누적되어 외화보유고가 바닥나면 중간재와 소비재의 수입도 크게 줄어들어 체감하는 제재의 충격 수준이 심화될 것으로 예상되었으므로, 당시에는 북한의 외화보유고 규모가 어느 정도인지, 무역적자 확대를 언제까지 버텨낼 수 있을 것인지가 가장 중요한 관심사였다.

2. 코로나19 이후의 북한경제

1) 국경봉쇄 조치와 북한경제 환경의 급변

코로나19 유입을 막기 위해 북한 당국이 실시한 국경봉쇄 조치는 북한경제 환경에 큰 변화를 초래했다. 2020년 초 북한경제는 수출입이 사실상 중단된, 바꿔 말하면, '외화보유고가 고갈되어 수입이 불가한 단계'에 준하는 상황에 갑작스럽게 직면하게 된 것이다.

북한의 대외경제 부문이 받은 충격은 뚜렷했다. 〈그림 2〉를 다시 보면, 2020년 북한의 대중 수입 규모는 전년 24.5억 달러에서 4.8억 달러로 급감했으며, 그 결과 중간재와 소비재의 수입 규모도 예년의 20~25% 수준으로 감소하였다. 그나마 이 정도 수준을 유지한 것도 국경봉쇄 이전인 1월 하순까지는 수입이 정상적으로 이루어졌기 때문이며, 2월 이후 상황만 놓고 보면 수입 감소폭은 더 커진다. 국경봉쇄로 인해 북한은 자본재뿐만 아니라, 민생과 관련된 최소한의 물품을 제외하고는 중간재와 소비재의 수입도 거의 중단되는 상황에 직면하게 된 것이다.

〈표 1〉 2021년 1~4월 북한의 주요 대중 수입품목(단위: 백만 달러)

HS 2 단위	금액	HS 2 단위	금액
비료(31)	22	고무(40)	2
플라스틱(39)	5	도자제품(69)	1
화학공업 생산품(38)	3	목재(44)	1
종이(48)	2	코코아(18)	1
무기화학품(28)	2	낙농품(04)	1

주: 괄호 안의 숫자는 HS 2단위 품목기호
자료: Chinese Customs Statistics(최지영, 통일연구원 비공개 내부 자료에서 재인용)

2021년에도 상황은 달라지지 않았다. 5월 현재 대중 수출은 700만 달러, 수입은 4,400만 달러로, 무역규모가 급감한 전년 동기간에 비해서도 수출은 61%, 수입은 85% 감소한 것으로 나타나고 있다. 〈표 1〉은 2021년 4월 현재 북한의 주요 대중 수입품목 및 수입액을 나타낸 것으로, 소비재 수입은 거의 중단된 것으로 보이며, 비료 등 생산과 관련해 필수적인 품목 위주로 소규모의 수입이 이루어지고 있음을 알 수 있다.

2) 생산 측면에서의 어려움 심화

국경봉쇄 조치 이후 북한 내부의 경제 상황에도 여러 변화가
나타나고 있을 것이다. 먼저 산업 생산 측면부터 보자. 국경봉쇄
는 여러 경로를 통해 생산에 영향을 줄 수 있는데, 첫 번째로 수
출 감소에 따른 영향을 고려해 볼 수 있다. 그런데 앞서 본 것
처럼 코로나19 이전에도 대북제재로 인해 수출 규모가 예년의
10% 수준으로 줄어들어 있었던 만큼, 국경봉쇄로 인한 수출 중
단이 생산에 미친 충격은 그리 크지 않을 것이다.

기계류 등 자본재 수입이 중단되는 것도 산업 생산에 영향
을 줄 수 있다. 그런데 자본재 수입 역시 제재 강화로 인해 이미
2018년부터 사실상 중단 상태에 있었으므로, 코로나 충격 이후
여건이 크게 달라진 부분은 없다. 또한 자본재 특성상 단기보다
는 중장기적으로 산업 생산에 미치는 영향이 클 것으로 예상되
며, 아직은 자본재 수입 중단의 여파가 심각한 수준은 아닐 것으
로 판단된다.

이와 달리 국경봉쇄로 인해 산업용 자재, 자본재의 부품 등 중
간재 수입이 급감한 것은 생산에 상당한 영향을 주고 있을 것으
로 보인다. 2019년까지 예년 수준으로 이루어지던 플라스틱, 철
강, 비료 등의 수입이 거의 중단됨에 따라 농업, 건설업, 제조업
등의 생산에 차질이 빚어지고 있을 것이다. 또한 기계류, 전기기
기, 차량 등에 필요한 부품의 경우 이미 2018년부터 제재로 인해
수입이 크게 줄어든 상태인데, 수입 중단 기간이 길어짐에 따라

공장 가동 및 차량 운행 등의 어려움이 심화되고 있을 것으로 판단된다. 일례로 북한의 대표적 비료 생산기지 중 하나인 남흥 청년화학연합기업소 비료공장의 경우, 석탄가스화 공정에서 사용되는 고압밸브, 고압분사기 등이 마모되어 교체해야 했지만 수입산 부품을 마련하지 못해 2020년 12월 생산을 1주일 이상 중단한 것으로 알려졌다.[2] 다만, 국경봉쇄 이후 북한의 산업 생산이 구체적으로 얼마나 감소하고 있는지에 대해서는 자료 제약이 큰 탓에 판단하기 어렵다.

3) 소비재 공급 감소에 따른 소비수준의 저하

국경봉쇄는 소비수준에도 부정적 영향을 주고 있을 것이다. 소비재 공급이 감소함에 따라 생활수준이 악화되고 있을 것으로 예상된다. 코로나19로 인해 소비재 수입이 크게 감소한 데에다, 중간재 수입 감소로 인해 북한 내부에서의 소비재 생산도 감소했을 것으로 보이기 때문이다. 〈그림 3〉은 2010년대 북한의 주요 소비재 수입 추이를 나타낸 것으로, 대북제재로 인해 가전 등의 수입이 어려워짐에 따라 2018년 이후 수입이 급감한 내구 소비재를 제외하면, 가정용 음식료품, 준내구 소비재, 비내구 소비재 모두 2010년대 초반에 비해 2010년대 말에는 그 수입 규모가 상당히 증가하였음을 알 수 있다. 이러한 상황에서 이루어진

---

2   「북한 굴지의 남흥 청년화학연합기업소 비료공장의 석탄가스화 공정에서 수입산 부품부족으로 생산을 멈춤」, 『KITA 북한무역 월간브리프』, 2021. 1, pp.7-8.

국경봉쇄로 인해 2020년 소비재 수입 규모는 2010년보다도 훨씬 이전 수준으로 줄어들었으며, 수입 재화에 대한 의존도가 높아진 주민들의 소비생활에 대한 만족도는 크게 하락했을 것으로 예상된다.

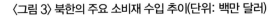

<그림 3> 북한의 주요 소비재 수입 추이(단위: 백만 달러)

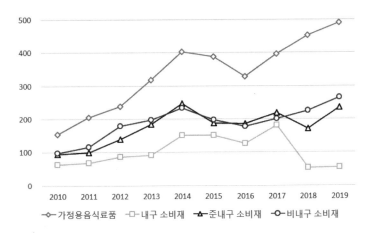

자료: UN Comtrade database
주: 1) BEC(Broad Economic Categories) 코드 기준임. 2) 가정용음식료품은 BEC 112, 122를 합산한 결과이며, 내구소비재는 BEC 61, 준내구소비재는 BEC 62, 비내구소비재는 BEC 63임. 3) 소비재에 해당하나 상대적으로 수입 규모가 작은 승용차(BEC 51), 기타 비산업용 운송장비(BEC 522)는 그림에 제시하지 않음.

예를 들어 음식료품의 경우, 2010년대 대두유, 과일류, 음료 등의 수입이 크게 증가하여 2010년 1.5억 달러에서 2019년 4.9억 달러로 수입 규모가 3배 이상 늘어났다. 따라서 2020년 이후 음식료품 수입의 급감으로 인해, 주민들의 식생활 질이 상당히 저하되었을 것으로 판단된다. 이러한 수입 감소에 따른 소비생활에 대한 만족도 하락은 특히 2010년대 소비 수준이 상대적으로 크게 향상되었던 중상류 계층에서 더 크게 나타나고 있을 것으로 보인다.

한편, 소비재 공급 부족으로 인해 수입에 의존하는 재화를 중심으로 가격이 상승하는 양상도 나타나고 있는 것으로 보인다. 북한 현지 소식통을 통해 전해지는 장마당 가격 동향을 보면, 밀가루, 설탕, 맛내기, 식용유 등 수입 의존도가 높은 재화의 가격이 급등하는 양상이 확인되고 있다. 북한 당국은 물가 불안이 주민들의 동요로 이어질 것을 우려해 물가안정 방안 마련에 고심하고 있을 것으로 보이나, 수입이 재개되어 공급이 늘어나지 않는 이상 해결하기는 쉽지 않을 것이다.

4) 식량 사정의 악화 가능성

북한은 매년 수십 만 톤의 비료를 수입·원조를 통해 조달해왔으며, 식량 또한 수입·지원 등을 통해 들여와 부족분을 보충했다. 따라서 북한이 국경봉쇄 조치를 취하자 비료 및 식량의 수입·지원이 줄어듦에 따라 북한 식량 사정이 악화될 것이라는 전망이 많았다. 더욱이 북한이 2020년 8~9월 태풍 피해를 크게 입었기 때문에 2021년 북한 식량 수급의 어려움이 클 것으로 예상되기도 했다.

이러한 와중에 김정은 위원장이 6월 당 중앙위원회 전원회의에서 "인민들의 식량형편이 긴장해지고" 있다고 언급하자, 북한의 식량난이 심각한 수준일 가능성이 제기되었다. 5월까지 비교적 안정세를 유지해온 쌀 가격이 6월 들어 불안정한 양상을 보인 것도 이러한 가능성을 뒷받침했다. 『데일리NK』 보도에 따르면, 4,000원 선에서 안정세를 보이던 쌀 가격이 6월 초 5,000원 선으로 상승하였으며, 이후 평양, 신의주는 다시 예전 수준으로 돌아왔으나, 혜산의 경우, 6월 말 7,000원까지 상승하였다.

그렇다면 2021년 북한의 식량 사정은 어떠한 상태에 있는 것일까. 거시적인 상황을 이해하기 위해서는 북한의 식량작물 공급 규모를 살펴볼 필요가 있다. 〈그림 4〉는 농촌진흥청이 추계한 북한의 식량작물 생산량을 나타낸 것이다. 2020년 북한 식량작물 생산량은 440만 톤(정곡 기준)으로, 전년 464만 톤 대비 5.2% 감소한 것으로 추정되고 있다. 이 중에서 주식인 쌀은 전년 대비 10%가량 감소한 것으로, 옥수수는 전년과 거의 동일한 것으로 추정된다. 또 2012~19년 평균 생산량과 비교해 보면, 2020년 식량작물 생산량은 예년 평균 대비 6.2% 감소하였다.[3]

---

3   참고로 FAO(유엔식량농업기구)는 2020/21년 북한 식량작물 생산량이 489만 톤(정곡 기준)으로 2010년대 평균 수준일 것으로 추정하고 있다.

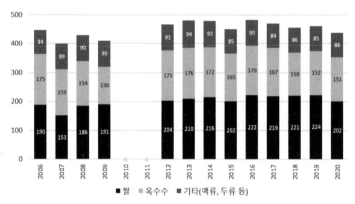

〈그림 4〉 북한의 연도별 식량작물 생산량 추정치(단위: 만 톤)

자료: 농촌진흥청
주: 정곡 기준

그런데 북한의 식량작물 공급 규모를 파악하기 위해서는 수입
· 지원 규모도 고려해야 한다. 이 부분까지 포함해서 계산해 보
면, 2013~2019년 북한의 식량 공급량(전년도 생산량 + 당해연도 수
입·지원량)은 2016년(461만 톤)을 제외하면 대체로 500만 톤 내외
수준을 유지해온 것으로 나타난다. 이렇게 본다면 하반기에 수
입·지원이 없을 경우, 올해 북한은 평년에 비해 대략 60만 톤 정
도 식량작물 공급량이 부족한 상황에 놓이게 된다. 더욱이 국경
봉쇄로 인해 식량 밀수가 어려워졌다는 점도 고려하면 식량 부
족 규모는 더 커지게 된다.

이처럼 2021년 북한의 식량 사정은 김정은 시대만을 놓고 보
면, 가장 안 좋을 가능성이 높다. 하반기에는 식량 수입 및 외부
로부터의 지원을 통해 식량의 추가 공급이 어느 정도 이루어질

것으로 보이나, 이를 반영해도 식량 공급 규모는 예년을 밑돌 가능성이 높다. 하지만 그렇다고 해도 2010년대 들어와 북한의 식량 생산 규모가 전반적으로 증가했음을 고려할 때, 1990년대 '고난의 행군' 때와 같은 심각한 상황에 놓일 가능성은 낮아 보인다.

3. 북한 당국의 대응

한층 강화된 대북제재가 시행되는 상황에서 코로나 유입 차단을 위해 국경까지 봉쇄한 결과, 북한경제는 상당한 어려움에 직면해 있다. 북한 당국도 경제적 어려움을 극복하기 위한 대책을 내놓으며 대응하고 있는데, 여기서는 이에 대해 살펴본다.

1) 당 대회에서 밝힌 경제 목표 달성에 집중

북한은 제8차 당 대회에서 새로운 국가경제발전 5개년계획(2021~2025)을 제시한 바 있다. 자립경제 건설을 목표로, 현실성을 고려하여 수립된 이번 5개년계획에서는 자립경제 건설에 필수적인 금속·화학공업과 주민생활과 직결되는 농업, 경공업이 중점 산업으로 설정되었으며, 경제관리 측면에서는 계획경제 시스템을 재정비하는 데에 초점이 맞춰졌다(〈표 2〉 참조).

〈표 2〉 제8차 대회의 경제 부문 주요 내용(제7차 대회와 비교)

		제7차 대회	제8차 대회
경제발전계획		• 국가경제발전 5개년전략 (2016~2020)	• 국가경제발전 5개년계획 (2021~2025)
대내 경제	중점 산업	• 전력, 석탄, 금속, 철도운수, 기계 • 농업, 경공업	• 금속, 화학 • 농업, 경공업
	경제 관리	• 내각중심제, 내각책임제 • 우리식 경제관리방법 • 사회주의기업 책임관리제	• 내각중심제, 내각책임제 • 국영상업망 발전 • 우리 실정에 부합, 최량화·최적화 위한 경제관리방법
	특징	• 과학기술의 성장 견인 강조	• 재정, 금융, 가격 공간 활용 강조
대외경제		• 가공품 수출, 기술·봉사무역 확대 • 합영·합작과 경제개발구 개발 • 관광사업 활성화	• 관광사업(금강산 관광지구 개발)

자료: 홍민 외, "북한 조선노동당 제8차 대회 분석," KINU Insight 2021 No.1, p.17.

　북한은 당 대회에서 밝힌 경제 목표 달성에 상당한 신경을 쓰고 있다. 당 대회 개최 후 불과 한 달만에 개최된 당 중앙위원회 제2차 전원회의에서 농업 및 건설 부문 목표를 현실에 맞게 수정한 것이 이를 단적으로 보여준다. 북한이 올해 이례적으로 상반기에만 세 차례나 당 중앙위원회 전원회의를 개최한 주요 이유 중 하나도 당 대회에서 제시한 생산목표 달성 여부를 점검하고 생산 활동을 독려하는 데에 있는 것으로 보인다.

　그렇다면 상반기 실제 생산 실적은 어떠할까. 지난 6월 개최된 당 중앙위원회 제3차 전원회의에서 보고된 상반기 공업 부문의 생산 실적을 보면, 계획 대비 144%, 전년 동기 대비 125%에 이르고 있다. 전년보다 양호하며, 당초의 목표치를 크게 웃도는 생산 실적을 달성했다는 것이다. 하지만 북한이 처한 상황을 고려할 때, 전년 동기 대비 생산량을 25% 증가시켰다는 보고 내용을 그대로 믿기는 어렵다. 생산 실적에 대한 허위 보고 등으로 인해 성과가 부풀려졌을 가능성이 높아 보인다. 따라서 다른 방식으로 추론해 볼 필요가 있다.

지난해와 비교해 볼 때, 올해 북한의 생산 여건은 크게 개선되었다고 보기 어려우며, 후술하듯이 노동력 투입이 독려됨에 따른 생산 증대 효과는 일부 발생할 것으로 보인다. 따라서 올해 상반기 북한의 산업 생산은 소폭 증가했거나 지난해와 비슷한 수준일 가능성이 크다. 그런데 북한 당국이 내놓은 수치(계획 대비 144%, 전년 동기 대비 125%)로 보아 올해 생산 목표가 전년에 비해 낮게 설정된 것으로 보이므로, 생산 목표를 달성했을 가능성은 높다고 판단된다. 즉 생산 목표를 달성하였을 것으로 보이지만, 이는 목표를 이례적으로 낮게 잡은 결과이지, 경제가 회복된 결과는 아닌 것이다.

2) 노동력 투입 증대 노력

북한 당국은 계획 목표 달성을 위해 노동력 투입을 확대하는 데에 힘을 쏟고 있다. 북한 언론매체를 통해 청년, 전업주부 등을 농촌, 탄광 지역과 같은 험지에 투입하고 있다는 것이 종종 보도되기도 한다. 예를 들어, 6월 17일 조선중앙방송은 "(황해남도에서)도적으로 1만 3,700여 명의 여맹원(사회주의여성동맹원)들이 농업으로 탄원하는 아름다운 미풍이 발휘됐다"고 보도했다.[4] 표면적으로는 자원한 것으로 되어 있지만, 실제로는 당국의 배치에 의해 이주했을 가능성이 높다. 자본재, 중간재 수입 중단 등에 따른 생산성 저하 문제를 노동 투입 증대를 통해 해결하려는 것으로 보인다.

노동력 동원 정책을 통해 일시적인 생산 증대 효과는 얻을 수는 있을 것이다. 하지만 생산 증대 효과가 지속되기를 기대하기는 어렵다. 자신의 의지와 무관하게 험지에 배치된 상태에서, 적절한 인센티브도 부여받지 못한 노동자들이 지속적으로 의욕이 충만한 가운데 생산 활동을 할 것으로 기대하기는 힘들다. 거의 매년 반복되는 노동력 동원 정책에 대한 주민들의 피로감이 커진 것도 정책의 효과성을 떨어뜨리는 요인으로 작용할 것이다.

한편, 전업주부의 경제활동 참여 강화 정책은 계획 목표 달성에는 도움이 되겠으나, 개별 가정의 경제 상황을 악화시키는 부작용을 낳을 수 있다는 점에서 우려스럽다. 주지하듯이, 오늘날 북한에서 여성의 사경제 활동은 가정 경제에서 매우 중요한 비중을 차지하고 있다. 그런데 북한 당국이 여성의 경제활동 참여를 강화한다는 것은 비공식적인 사경제 활동에 종사하는 여성을 공식 부문에 투입하겠다는 것으로 볼 수 있다. 따라서 이는 여성의 사경제 활동 감소로 이어지게 되며, 공식 직장에서 급여 및 배급이 적절히 제공되지 못하는 북한의 현실을 고려할 때, 결과적

---

4 "북, 식량난 해소 골몰⋯쌀주산지 황남에 주부 1만 4천 명 정착시켜," 연합뉴스, 2021. 6. 17.

으로 가계 소득 수준이 하락하는 결과로 이어질 가능성이 높다.

3) 시장 개입 및 통제의 강화

수입 감소, 생산 위축으로 인해 공급이 감소할 경우, 물가상승이 나타날 수 있다. 전술했듯이, 북한에서도 공급 감소로 인해 수입 의존도가 높은 소비재 중심으로 물가가 상승하는 양상이 나타나고 있다. 북한 당국은 이에 대응해 한도가격 부과, 국가 식량판매소 운영, 환율 개입 등의 방식으로 시장에 개입하고 있는 것으로 보인다.

<그림 5> 북한의 원/달러 시장환율 추세(단위: 북한원/달러)

자료: 2020년까지는 최영윤, "북한경제동향 관련 통계자료", 『KDI 북한경제리뷰』 2021년 1월호, pp.107-108에서 인용하였으며, 2021년 자료는 『데일리 NK』 자료를 이용해 월별 평균을 산출하여 제시함.

이와 관련해 특히 주목할 것은 시장환율이다. 〈그림 5〉에 제시된 것과 같이, 북한의 원/달러 환율은 지난 몇 년간 8,000원/$ 수준에서 안정되어 있었다. 그런데 2020년 10월 6,500~7,000원 수준으로 한 차례 하락한 데에 이어, 2021년 6월 중순 이후 다시 하락해 5,000원/$ 수준에 머물고 있다. 국경봉쇄 이후 환율이 이렇게 크게 하락할 요인은 별로 발생하지 않았다는 점에서, 이는 물가 불안 해소를 위해 북한 당국이 정책적으로 개입한 결과일 가능성이 있다. 환율이 하락하면, 수입 제품 가격 상승폭이 상대적으로 감소하는 효과를 노리고 북한 당국이 환율 조정에 나섰다는 것이다.

한편, 북한 당국은 반사회주의, 비사회주의와의 투쟁을 강조하면서 시장 활동을 억제하려는 움직임도 보이고 있다. 대표적인 예가 앞서 언급했듯이, 북한 당국이 여성의 경제활동을 독려하고 있다는 점이다. 이는 물론 계획 목표 달성을 위해 공식 부문에 노동력 투입을 증가시키기 위한 조치이다. 하지만 여성이 시장을 통해 이루어지는 사경제 활동의 주역이라는 점을 놓고 볼 때, 이는 여성의 시장 활동을 위축시켜, 시장을 억제한다는 측면도 고려된 조치로 볼 수도 있다. 이미 코로나19, 물자 공급 부족으로 인해 주민들의 시장 활동이 전반적으로 위축되고 있는 상황에서 나타나고 있는 이와 같은 시장 억제 조치는 시장 활동 위축을 더욱 심화시키는 요인으로 작용하고 있으며, 결과적으로 주민들의 소득 감소로 이어질 가능성이 높다.

4. 소결

지금까지 코로나19 충격 이후의 북한경제 상황과 북한 당국의 대응에 대해서 살펴보았다. 북한은 코로나 유입 차단을 위해 국경봉쇄 조치를 취한 이후 경제적 어려움을 겪고 있다. 이미 제재로 인해 경제 상황이 악화되고 있던 와중에 무역이 사실상 전면 중단된 결과, 북한의 생산과 소비 모두 위축되는 상황이 이어지고 있다. 특히 가장 중요한 식량 수급과 관련해서도 어려움이 커지고 있는 것으로 보인다. 하지만 북한의 생산 역량이 향상되었음을 고려하면, '고난의 행군'과 같은 심각한 상황에 직면할 가능성은 높지 않아 보인다.

경제 악화에 대한 북한 당국의 대응도 이루어지고 있다. 하지만 상황 해결에 큰 도움이 되지는 않을 전망이다. 북한은 당대회에서 제시한 경제 목표 달성에 주력하면서 노동력 투입, 생산 독려를 강화해 나갈 것으로 보이는데, 이는 단기적으로는 효과가 있겠지만 지속적인 성과로 이어지기는 어려울 것으로 예상된다.

현재 북한 경제가 안고 있는 여러 문제를 해결하기 위해 북한 당국이 가장 먼저 취해야 할 조치는 무역을 본격적으로 재개하고 시장을 활성화시키는 것이다. 하지만 북한은 오히려 그에 반하는 조치를 취하고 있다. 무역 재개에는 여전히 소극적인 가운데 자력갱생을 강조하고 있으며, 사회주의 시스템 및 국가 통제를 강화하는 방향으로 나아가고 있는데, 이러한 방식으로는 현재 직면하고 있는 경제 문제를 해결하기보다는 악화시킬 가능성이 크다. 특히 공식 부문 노동 투입을 늘리기 위해 시장을 위축시키는 조치는 경제 목표 달성에는 도움이 되겠지만 주민생활 악화로 이어질 가능성이 높다는 점에서 우려스럽다. 북한 당국이 경제 운용에 대한 인식의 틀을 바꾸어야 하겠으나, 현재 흐름으로 보아서는 이러한 변화를 기대하기는 힘들어 보인다.

북한 경제 현황과 전망

피아오잉아이(지린대), 김세윤(지린대)

1. 서론

2020년 지구촌을 휩쓴 신종 코로나바이러스 감염증(이하 '코로나19') 확산의 여파는 북한경제에까지 큰 영향을 미쳤다. 2016년 이후 강화되고 있는 국제사회의 대북 경제제재로 인해 어려워진 북한은 코로나19 확산 초기인 2020년 1월 중-조 국경봉쇄 및 국내이동제한 조치를 단행했다.[1] 이로 인해 북한 무역의 90%를 차지하는 중국과의 경제교류가 사실상 중단되었고, 여기에 2020년 8월과 9월의 심각한 태풍 피해[2]까지 더해짐에 따라 북한 경제는

---

1   뉴스1, 2020년 1월 22일, "北, 외국인 관광객 일시 입국 중지"…'국경 폐쇄', https://nk.news1.kr/news/articles/3822722; 뉴스1, 2020년 1월 28일, 코로나바이러스에 '국경 폐쇄' 北…내부에서는 '이동 제한'도, https://nk.news1.kr/news/articles/3825746

2   뉴스1, 2020년 9월 10일, 유엔 "北 강원 주민 1만8700명 태풍 피해…고성·안변 침수", https://nk.news1.kr/news/articles/4054162

소위 '삼중고'를 겪게 되었다. 북한은 2021년 1월 개최된 북한 노동당 8차 대회에서 국가 발전전략의 양대 목표 중 하나인 경제 발전에 있어 실패를 인정하기도 했다.[3]

2021년 1월 집권한 미국의 바이든 행정부는 대북정책으로 '제재', '억제', '접촉', '실무적', '외교적' 및 '조건 없는 대화' 등의 방향성을 제시했고,[4] 이에 북한은 미국의 바이든 행정부의 대북정책 향배와 정세 변화를 보고 유연하게 대응하는 소위 '북한식 전략적 인내' 정책을 구사할 것으로 전망된다. 반면 조선중앙통신은 7월 11일 김정은 조선노동당 총비서와 시진핑 주석이 '북중 우호협조 및 상호원조조약' 체결 60주년을 맞아 교환한 친서 전문을 공개[5]하는 등, 향후 북-중 관계는 더욱 긴밀해질 것으로 예상된다.

본 연구는 대북 제재, 코로나19, 태풍 피해 등 소위 삼중고를 겪고 있는 북한 경제의 현황을 한국의 한국은행, KOTRA, 한국농촌진흥원 등이 제공하는 통계자료와 조선노동신문 등 언론을 통해 공개된 8차 당대회 등의 회의결과와 지도자들의 발언 등을 통한 정책변화와 경제전망을 살펴보고자 한다. 아울러 전방위로

---

3   뉴스1, 2021년 1월 19일, 경제 쇄신 준비 끝낸 북한 "김정은 중심으로 총단결" 촉구, https://nk.news1.kr/news/articles/4185208

4   노동신문, 2021년 6월 18일, 북한 노동당 8기 3중전회 사흘째 회의 거행, http://www.rodong.rep.kp/cn/index.php?strPageID=SF01_02_01&newsID=2021-06-18-0001

5   뉴스1, 2021년 7월 11일, 북중정상, 친서 교환…김정은, 시진핑에 "적대세력 방해 악랄", https://nk.news1.kr/news/articles/4367577

확장 및 심화되고 있는 중-미 간의 전략대결과 깊은 함수관계를 갖고 있는 북핵 문제 해결을 위한 돌파구 마련을 위해 중-조-한 혹은 중-조-한-러 동북아 경제협력을 제언하고자 한다.

2. 북한 경제성장 및 대외무역 등의 추이(최근 10년)

1) 대북 제재로 급감한 경제성장률

2010년부터 2019년까지의 북한의 연도별 경제성장률의 경우, 2011년부터 2014년까지 1% 내외의 완만한 증가세를 유지하다 2016년에는 3.9%의 증가를 보였다. 그러나 2017년과 2018년에는 각각 −3.5%과 −4.1%의 급락이 나타났는데, 이는 2016년부터 가중된 대북제재의 영향이 있는 것으로 보인다. 2019년의 경제성장률은 다시 반등을 보이나, 코로나19와 태풍 피해가 가중된 2020년의 경우 많은 학자 및 전문가들의 예측대로 경제성장률은 다시 큰 폭의 감소가 예상된다(그림 1 참조).

2) 대북 제재로 급감한 수출로 위축된 대외무역

2010년부터 2019년까지 북한의 연도별 대외무역의 경우, 2010년부터 2014년까지는 수출입액의 꾸준한 증가세, 2015년부터는 감소세를 보인다. 강화된 대북 제재의 직접적 영향

〈그림 1〉 북한의 연도별 경제성장률 추이(최근 10년, 2010~2019년)

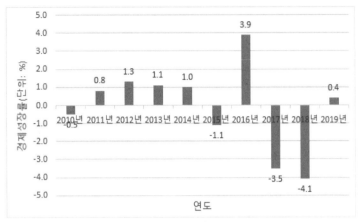

출처: 한국은행, 북한경제성장률(2010~2019년), https://www.bok.or.kr/portal/
main/contents.do?menuNo=200091

이 미친 2017년 5,549,903천 달러(전년대비 증감률 -15%), 2018
년 2,843,484천 달러(전년대비 증감률 -48.8%)로 수출이 급감하면
서 무역수지도 2019년 −2,689,390천 달러까지 악화된다. 2019
년 수출액 감소세가 주춤하고 수입액 소폭의 반등이 있었으나,
코로나19 및 태풍 피해가 있었던 2020년 북한의 대외무역은 다
시 큰 폭의 감소가 있었을 것으로 추정된다(그림 2 참조). 중국 해
관자료에 근거하여 화경제연구원(华经产业研究院)이 정리한 통계
자료에 의하면, 2020년 1월부터 10월까지의 북한의 대중 무역액
(단위: $천)이 수출입계 548,090(수출 45,270, 수입 487,730)으로 나
타났다.[6] 2020년 4/4분기 북한의 수출입이 사실상 중단되었다

---

6   화경제보망(华经济报网), 2020년 12월 11일, 2020年1-10月中国与朝鮮双边
贸易额及贸易差额统计, https://www.huaon.com/channel/tradedata/671304.

는 사실과 북한의 대중무역이 차지하는 비중이 90%임을 감안하여, 이 수치를 북한이 2020년 대외무역 수치로 추정해 볼 경우, 사실상 수출입계가 전년대비 증감률이 -83.1%(수출 -83.7%, 수입 -83.6%)로 급감하는 것으로 나타나 북한 대외무역의 코로나19 여파가 꽤 클 것으로 분석된다.

〈그림 2〉 북한의 연도별 대외무역 추이(최근 10년, 2010~2019년)

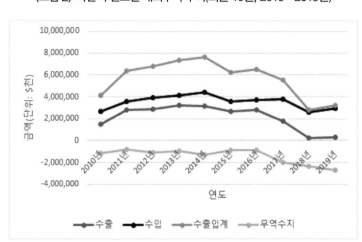

출처: KOTRA(2020), 2019 북한 대외무역 동향, KOTRA자료 20-187, p.40.

html

3) 코로나19로 인한 국경봉쇄 환경 하에서 배추, 밀가루 등 일부 식량가격 급등

2010년부터 2020년까지 주요 식량 가격을 통해 살펴본 북한 물가의 경우, 북한쌀(시장가격)의 경우 비교적 안정된 흐름을 보이고, 배추의 경우 2016년 1/4분기와 2017년 1/4분기에 가격 폭등이 있었고, 코로나19 상황이 본격화된 2020년 2/4분기에 다시 1kg당 5,310원[7](전년대비 증감률: 281.5%)으로 급등하여 가격이 떨어지지 않고 있는 모습을 보인다. 돼지고기의 경우 2013년 4/4분기, 2017년 3/4분기에 급등이 있었고, 코로나19의 영향이 있었던 2020 1/4분기 1kg당 12,750원[8](전년대비 증감률: -9.4%), 2/4분기 15,715원[9](전년대비 증감률: 23.3%)의 다소 불안정한 모습을 보인다. 대부분 수입에 의존하는 밀가루의 경우 사실상 수출입이 중단된 4/4분기에 가격이 8,200원[10](전년대비 증감률: 79.2%)으로 급등하는 등 코로나19로 인한 국경봉쇄가 주요 식량물가에 불안정을 야기하여 민생경제에도 큰 영향을 미쳤음을 짐작할 수 있다(그림 3 참조).

---

7   단위: 북한원화

8   단위: 북한원화

9   단위: 북한원화

10   단위: 북한원화

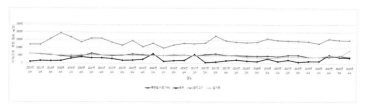

〈그림 3〉 북한의 연도별 주요식품 가격 추이(최근 8년, 2013~2020년)[11]

출처: 한국농촌경제연구원(2016), 북한농업동향, 제18권 제2호, p95-98; 한국농촌경제연구원(2019), 북한농업동향, 제21권 제4호, p.183-189.; 한국농촌경제연구원(2021), 북한농업동향, 제23권 제1호, p.149-152.

4) 대북 제재로 광공업, 건설업 등의 산업성장률 감소[12]

---

11 본 도표에 수록된 가격은 '데일리NK'가 제공하는 북한 내 주요 시장 6곳의 분기별 가격자료를 근거로 한국농촌경제원의 계간지 북한농업동향이 실린 자료를 토대로 작성하였다.

12 2017~2018년 광공업 중 광업과 제조업 성장률이 각각 -8.5%, -12.3%와 -6.9%, -9.1%로 급감했고, 특히 제조업의 경우 중화학공업이 -10.4%, -12.4%로 크게 줄었다.

연도	2010년	2011년	2012년	2013년	2014년	2015년	2016년	2017년	2018년	2019년
농림어업	-2.1	5.3	3.9	1.9	1.2	-0.8	2.5	-1.3	-1.8	1.4
광공업	-0.3	-1.4	1.3	1.5	1.1	-3.1	6.2	-8.5	-12.3	-0.9
-광업	-0.2	0.9	0.8	2.1	1.6	-2.6	8.4	-11	-17.8	-0.7
-제조업	-0.3	-3	1.6	1.1	0.8	-3.4	4.8	-6.9	-9.1	-1.1
-(경공업)	-1.4	-0.1	4.7	1.4	1.5	-0.8	1.1	0.1	-2.6	1
-(중화학공업)	0.1	-4.2	0.2	1	0.5	-4.6	6.7	-10.4	-12.4	-2.3
전기가스수도업	-0.8	-4.7	1.6	2.3	-2.8	-12.7	22.3	-2.9	5.7	-4.2
건설업	0.3	3.9	-1.6	-1	1.4	4.8	1.2	-4.4	-4.4	2.9
서비스업	0.2	0.3	0.1	0.3	1.3	0.8	0.6	0.5	0.9	0.9

2010년부터 2019년까지 북한의 연도별 산업별 성장률의 경우, 대북 제재로 광공업, 건설업 등의 성장률이 위축된 것으로 나타났다. 즉 광공업의 경우 2017년과 2018년 산업별 성장률이 각각 -8.5%, -12.3%로 나타났고, 건설업의 산업별 성장률의 경우 2017년, 2018년 모두 -4.4%로 나타났다. 특히 광공업에 포함되는 제조업의 경우 2017년, 2018년 경공업의 산업별 성장률이 각각 0.1%, -2.6%임에 반해, 중화학공업의 경우 -10.4%, -12.4%로 나타나, 강화된 대북제재가 경공업보다 중화학공업에 더 큰 타격을 준 것으로 분석된다. 전기가스수도업을 제외한 대부분의 산업의 성장률이 2019년 반등을 보여주나 2020년에는 코로나19로 다시 감소했을 것으로 예상된다(그림 4 참조).

〈그림 4〉 북한의 연도별 산업별 성장률 추이(최근 10년, 2010~2019년)

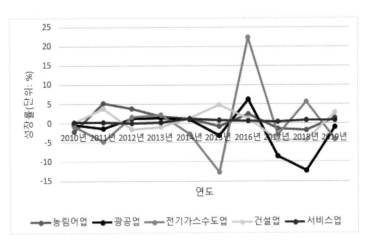

출처: 한국은행, 북한의 산업별 성장률(2010~2019년), https://www.bok.or.kr/portal/main/contents.do?menuNo=200091

3. 북한 국가발전전략의 조절 및 경제관리개선정책

1) 국가 발전전략의 조절 및 원인

북한의 국가 발전전략에 있어 "경제발전과 국방력 건설은 흔들리지 않는 양대 목표"[13]다. 그럼에도 대내외 환경에 따라 적절한 조절이 있어왔다. 2013년부터는 '경제건설-핵무력건설 병진' 노선을, 2017년에는 '병진노선'의 승리와 핵무력 완성을 선언한 데 이어, 2018년부터는 '경제를 총력으로 발전시킨다'는 새로운 단계로 접어든 것으로 보였다.[14] 그러나 2020년에는 "국방건설에 국가적인 역량을 집중하자", "어느 누구도 군사력을 침범해서는 안 된다는 것이 우리 당의 확고한 국방건설 목표"라며 전략무기 개발사업을 추진을 강조했다.[15]

2019년 1월 하노이 회담 결렬 이후, 북한은 "전대미문의 엄중한 도전과 난관에 직면해 있다"며 '정면돌파'를 선포했고, '경제

---

13 노동신문, 2020년 5월 24일, 조선노동당 중앙군사위원회 제7기 제4차 회의 진행 중, http://www.rodong.rep.kp/ko/index.php?strPageID=SF01_02_01&newsID=2020-05-24-0001

14 2018년 경제집중노선 채택 이후에도 북한은 핵과 미사일 개발 지속과 최근 신형 잠수함 건설 등 국방노선을 유지하고 2020년 다시 국방노선을 강조한 것으로 판단컨대, 경제집중노선은 경제-핵 병진노선의 대체라기보다는, 경제-핵 병진노선 중 핵무력 완성진척도에 비해 뒤처지는 경제노선을 강조하기 위한 정치·외교적 수사로 해석된다.

15 노동신문, 2020년 1월 1일, 우리의 발목을 잡은 모든 난관을 정면 돌파한다, 조선노동당 중앙위원회 제7기 제5차 전원회의 관련 보도, http://www.rodong.rep.kp/ko/index.php?strPageID=SF01_02_01&newsID=2020-01-01-0001

전선'은 '정면돌파'의 기본전선이 됐다.[16] 정면돌파 강조를 통한 북한의 국가발전전략의 조절은 다음과 같은 함의를 가진다. 첫째, 거시적으로 경제에 대한 국가와 정부의 통제와 리더십을 강화하고, 중앙에서 경제 전반의 실상을 객관적으로 파악하는 데 주안점을 두고 있다. 이를 바탕으로 중앙경제계획과 정책을 수행할 수 있는 시스템을 구축·강화하고, 각 경제단위는 디지털 경제를 충분히 활용하여 중앙에 투입·산출 관련 정확한 데이터를 보고하고 종합지표·실물지표 등을 포함한 국가경제의 총규모 계산과 국가경제통계에 활용되도록 하는 것이다. 둘째, '내각 책임제' 또는 '내각중심제'로 국가의 경제업무에 대한 '통일적 지도', '전략적 관리' 및 '경제관리의 결정적 개선'을 실현한다. 셋째, 미시 분야에서 '사회주의 기업책임관리제'를 실시한다. 책임제를 통해 '타성', '폐해', '땜질식 투자'를 극복해야 하고, 일체 가능한 모든 생산잠재력을 동원하여 '경제발전과 인민생활의 수요'를 보장해야 한다.

북한이 한 손에는 경제를 쥐고 다른 한 손에는 신전략무기를 포함한 국방 건설을 쥔 것은 본질적으로 2019년 상반기에 제시한 '새로운 길' 또는 '경제-핵 병진' 노선 2.0과 맥락을 같이 한다. '새로운 길'이 구체적으로 무엇을 의미하는지는 분명치 않다. '과거에 대한 회귀'일 수도 있지만, 그럴 경우 북한은 더 큰 압박과 비용을 부담해야 한다. 따라서 '새로운 길'의 속뜻은 처음부터

16　뉴스1, 2021년 1월 9일, 김정은, 새 '경제발전 5개년 계획' 발표… ' 정면 돌파전 2.0' 시행한다, https://nk.news1.kr/news/articles/4175673

명확히 하지 않은 채 다양한 옵션을 포함한 추상적이고 모호한 명제일 수 있어, 미국의 태도와 행동에 따라 유연하게 선택될 수 있는 다중 옵션 중 하나임을 시사한다.

2) 새로운 국가경제발전 5개년 전략(2021~2025년)의 제정

8차 당대회에서 언급된 새로운 5개년 경제계획에는 과거의 국가발전전략의 노선을 벗어나는 큰 변화는 없었고, 서방에서 기대했던 획기적인 시장화 등 개혁개방에 관한 정책이 포함되지도 않았다. 이는 강화된 대북제재, 코로나19, 태풍 피해 등 삼중고로 인해 지난 5개년 경제개혁(2016~2020년) 목표 달성 실패와 함께 미국 바이든 행정부의 등장과 중-미 간의 전략대결 확장, 심화로 인한 국제정세 변화 등으로 새로운 내용을 제시하기보다는 내부를 정비하고 보강하는 시기로 판단한 것으로 추정된다.

3) 계획과 시장관계 조절

북한은 최근 7~8차 당대회를 통해 국가발전전략으로 계획경제와 시장경제의 조절을 도모하고 있다. 즉, 북한경제는 계획과 시장의 공존을 구축하고 있고, 계획경제 또한 비공식 시장부문과 상호 작용을 통해 유지하고 있다고 말할 수 있다. 북한은 2014년 5월 30일 '우리식 경제관리방법'을 발표하고,[17] 2014~2015년 포전담당제와 사회주의기업책임관리제 등에 관련된 경제법규를 정비하였는데, 사회주의책임관리제는 기업소의 경영권·계획권·생산조직권·제품개발권·노동력조절권·품질관리권·재정관리권·무역과 합영 등에 관한 권리 등 폭넓은 부분의 자율권과 인센티브를 기업소에 부여하는 제도이다.[18] 반면 급격한 시장화로 인해 발생할 수 있는 부작용과 국가 통제를 벗어난 부분을 더 철저히 관리하기 위해, 2019년 4월 헌법 제33조 개정을 통해 사회주의경제관리 형태인 대안의 사업체계 등을 삭제하고 사회주의기업책임관리제를 중용한 경제관리 방침으로 규정하였다.[19]

4) 경제관리 개선정책

김정은 집권 이후 북한은 경제발전과 민생개선에 주력하였고, 그 노정은 자력갱생과 대외경제협력으로 표현될 수 있다. 북한은 '자력갱생·자강자립'을 '북한 경제발전의 내재적 동력이자 생명

---

17 위키백과, 사회주의 기업 책임 관리제, https://ko.wikipedia.org/wiki/%EC%82%AC%ED%9A%8C%EC%A3%BC%EC%9D%98_%EA%B8%B0%EC%97%85_%EC%B1%85%EC%9E%84_%EA%B4%80%EB%A6%AC%EC%A0%9C

18 양문수(2017), "김정은 집권 이후 개정법령을 통해 본 '우리식경제관리방법'", 『통일정책연구』 제26권 2호, pp.86-89, 101-104.

19 연합뉴스, 2019년 7월 11일, [표] 북한 사회주의헌법 개정 내용, https://www.yna.co.kr/view/AKR20190711134500504

선'으로 보고, '국가통일지도와 전략적 관리' 아래 '인민대중의 요구와 이익'을 최우선 과제로 삼아 경제관리를 개선해 국민경제의 효율성을 높이려 해왔다.[20] '원가절감과 질적 향상'은 '경제관리의 근본'으로 사회주의 기업책임관리제도 및 농장포전책임제도의 실시와 적극적 시장 활용을 통해 경제주체들의 생산경영활동을 장려하고 있다. 경제관리 개선을 위해 내각책임제를 강화했는데, 내각에 국가 경제관리과 개선을 위한 경제사령부를 맡기고, 경제분야 컨트롤타워 역할을 통해 국가통제력을 강화시키고, 생산정상화, 개건현대화, 원료·자재 국산화를 위해 과학기술을 강조했다.[21]

북한은 2021년 1월 개최된 8차 당대회를 통해, 중앙으로 모든 자원을 집중시키고, 금속 및 화학공업을 중시하며, 강화된 제재조치에 대응하기 위해 원자재 수입으로부터 자유로운 산소열법 용광로를 통한 주체철 생산[22] 등을 독려하며, 대북 제재에 대한 위기관리적 측면의 경제관리 개선정책이 강조되었다.

---

20 노동신문, 2021년 1월 9일, "우리식 사회주의 건설을 새로운 승리의 위대한 투쟁 강령으로 이끌다."-김정은 동지 조선노동당 제8차 대회 보고, http://www.rodong.rep.kp/ko/index.php?strPageID=SF01_02_01&newsID=2021-01-09-0002

21 양문수(2021), "북한 8차 당대회가 북한경제 및 농업에 미치는 영향", 『KERI 북한농업동향』 Vol. 22 No.4, p.7.

22 뉴스1, 2021년 1월 27일, "北, 제재 탓에 금속·화학 집중투자…목표 달성 불투명", https://nk.news1.kr/news/articles/4193731

4. 북한경제발전의 외부적 환경

1) 대북제재 유지

(1) 2016년 이후 강화된 유엔안보리 대북제재

2015년까지의 대북제재가 북한의 핵과 탄도미사일 개발을 저지하기 위한 관련 부품 등의 수입과 관련된 직접제재였다면, 2016년부터의 제재는 여기에 경제제재 즉 북한 경제 전반에 타격을 주어 핵과 미사일 개발을 저지하려는 간접제재를 포함하게 된다.[23]

(2) 대북제재가 북한경제에 미친 영향

---

23 2016년 3월 7일 북한의 4차 핵실험으로 결의된 유엔 안보리 2270호에 따라 북한은 민생용을 제외한 일체의 석탄, 철, 희토류 등의 수입이 금지되고, 유엔 회원국 내 북한 은행의 기존 지점 폐쇄 등이 포함되었다. 2016년 11월 30일 북한의 핵실험으로 결의된 유엔 안보리 2321호에는 석탄 수입 상한선이 4억 달러와 750만 톤 중 적은 쪽으로 제한되었고, 은, 동, 니켈 등의 수입 금지가 포함되었다. 2017년 8월 5일 북한의 화성 14호 미사일 발사로 결의된 유엔 안보리 2371호에는 석탄, 철, 납 등의 광물과 수산물 수입의 전면 금지와 해외 파견 노동자 규모 동결, 북한과의 신규 합작투자 금지 및 기존 투자 확대 금지 등이 포함되었다. 2017년 9월 12일 북한의 6차 핵실험으로 결의된 유엔 안보리 2375호에는 섬유제품 수입 전면 금지와 원유 수출량 동결 및 정유제품 수출량 상한선 200만 배럴로 설정, 해외 파견 노동자 신규 노동허가발급 전면 금지, 북한과의 합작투자 전면 금지 및 기존 사업 120일 이내 폐쇄 등이 포함되었다. 2017년 12월 23일 화성 15호 미사일 발사로 결의된 유엔 안보리 2397호에는 수입 금지품목에 식용품, 농산물, 기계류, 전자기기 등으로 확대, 정유제품 상한이 50만 배럴로 축소, 산업용 기계, 철강제품, 운송차량 등 수출금지품목 확대와 기존 해외 파견 노동자 24개월 이내 송환 등이 포함되었다. 출처: United Nations Security Council, https://www.un.org/sc/suborg/en/sanctions/1718/resolutions

2016부터 강화되기 시작한 대북 제재로 북한의 최대 수출품목인 석탄, 철, 섬유류, 수산물 등의 수출(북한의 전체 수출의 70% 차지)에 차질이 생기면서, 이에 따른 외화벌이의 감소로 수입도 줄게 되었고, 민생경제와 깊은 관련이 있는 비료나 각종 소비재 생산에 필요한 정유제품 수입도 2017년 연간 200만 톤(2375호 결의), 50만 배럴(2397호 결의)로 제한되었으며, 북한 무역의 90%를 차지하는 중국 역시 대북 경제제재에 적극 동참함에 따라, 북한의 대외교역은 상당한 영향을 받고 있다.

반면 대북제재는 북한의 대외교역을 어렵게 함으로써, 북한경제로 하여금 더욱 자강과 자력에 의존하게 만들었고, 이후 당대회 등을 통해 자력갱장, 자강력 제일주의, 국산화 등이 강조되는 계기가 되었다.

2) 코로나19 및 국경봉쇄

(1) 코로나19로 인한 국경봉쇄 조치

북한은 "코로나19 관련 명확한 진단, 치료 방법이 완전히 확립될 때까지 국경봉쇄 조치를 유지하고, 외국인들의 북한 관광 금지 등 외국인 입국을 불허하며, 국제 항공 및 철도 운행을 중단"했다.[24] 북한의 중-조 국경봉쇄 조치로 인해 중국 등과의 공식적 경제교류와 밀수가 전면 중단되어, 대북제재로 위축된 대외교역

---

24 뉴스1, 2021년 2월 27일, 북한 "국경 봉쇄 조치, 코로나 진단·치료법 나올때까지 유지"(종합), https://m.news1.kr/articles/?3856280&193#_enliple

을 더욱 어렵게 하는 계기가 되었다.

(2) 국경봉쇄 조치가 북한의 경제에 미친 영향

국경봉쇄로 인한 중-조 교역규모 감소 및 관광중단으로 인한 외화 부족, 원자재 수입 중단은 동시에 민생과 직접 관련이 있는 소비재 등 국산품 생산에 큰 위축을 야기했다. 〈그림 5〉와 같이, 북한의 대중무역은 대북제재 이후 2017-2018년 큰 폭으로 감소, 2019년 소폭으로 반등을 보여주나, 2020년 큰 폭의 감소가 예상된다.[25]

〈그림 5〉 북한의 연도별 대중무역 추이(최근 10년, 2010~2019년)

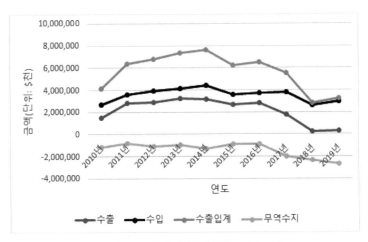

출처: KOTRA(2020~2011), 2019 북한 대외무역 동향, KOTRA 자료.

---

25 코로나19가 북한경제에 미친 영향을 확인하기 위해 북한의 경제구조를 반영한 CGE 모형을 활용한 정은찬·김재현(2020)의 정량적 분석결과에 따르면, 코로나19 확산 및 국경봉쇄조치로 북한 내 교역량이 약 70% 감소하였고, 비공식부문 소비 약 17.5% 감소할 경우 북한의 실질 GDP는 약 1.56% 감소하는 것으로 나타났다.

3) 자력갱생에 의한 경제발전이 유일한 선택

북한은 2019년 12월 7기 5차 전원회의를 통해 '정면돌파전'을 강조했다. 정면돌파전은 자력갱생을 의미하고, 자력갱생은 경제건설을 의미한다. 정면돌파전략은 2019년 1월 하노이 조-미 정상회담 결렬 이후 돌파구를 만들지 못하자 강조하게 된 전략으로, 2018년 4월 20일 7기 3차 전원회의 시 결정된 '경제건설총력집중'이라는 경제노선을 견지하면서, 동시에 미국과의 협상결렬과 대북제재 환경에 대한 대응전략적 측면이 포함되어 있다.

북한은 2021년 1월 개최된 8차 당대회에서, 경제정책으로 인민대중제일주의와 함께 자력갱생, 자급자족이 특히 강조됐는데,[26] 특히 자력갱생은 최근 강화된 제재 국면에서 내부적 역량 강화의 계기로도 활용되고 있다.

5. 북한경제 발전전망

1) 계획과 시장의 유기결합-장기성

최근 북한이 경제정책을 통해 시장을 적극적으로 활용하여 계

---

[26] 뉴스1, 2021년 1월 19일, 경제 쇄신 준비 끝낸 북한 "김정은 중심으로 총단결" 촉구, https://nk.news1.kr/news/articles/4185208

획경제의 부족을 보완하고 있지만, 이는 사회주의 계획경제라는 기본틀이 변한 것은 아니다. 북한은 '우리식 사회주의'의 기치 아래 '반사회주의·비사회주의'[27]를 해소하기 위해 노력하면서도 시장을 적극 활용하고, '사회주의 원칙하에 이용 가능한 시장' 또는 '시장을 이용하되 사회주의 원칙에서 벗어나서는 안 된다'고 주장한다. 북한 당국은 가격통제, 거래상대, 인원이동, 시장규모 및 장소의 제한 등의 통제조치를 통해 시장발전을 억제하고 있지만, 시장이 한편으로는 이를 돌파하거나 우회하는 다양한 실천과정 중에서 견고한 자기재생산 수단을 창출하면서, 다른 한편으로는 민관결합, 자체조직화의 과정 중 구조변수 간의 상호작용, 상호영향을 통해 내재적 메커니즘의 구동 아래 하나의 '역량'을 형성, 북한의 계획경제 시스템 하에서 나선형으로 발전하며 정착화될 거라 기대된다.

2) 대북 제재의 완화 내지 해제와 대외경제협력에 유리한 환경조성의 필요 긴박성

북한의 핵 보유의 궁극 목적은 바로 체제보장과 함께 핵을 통한 정전협정 유도, 그리고 한반도 평화체제를 이끌어냄으로써 국제사회로부터 정통성을 인정받는 것이다. 북한이 생각하는 '핵

27 노동신문, 2021년 6월 16일, 북한 노동당 8기 3중전회 사흘째 회의, http://www.rodong.rep.kp/cn/index.php?strPageID=SF01_02_01&news ID=2021-06-16-0001

폐기'는 사실상 핵능력 유지에 기초한 부분적 '핵 폐기'를 통한 조-미 관계 정상화와 대북 제재 철폐, 그리고 단계적·동시적 경로를 통해 한반도 문제의 정치적 해결을 본격 추진함으로써 궁극적으로 한반도 비핵화와 항구적 평화를 실현하는 것이다. 반면 미국은 한반도의 완전한 비핵화라는 목표 아래 '완전하고 불가역적이며 검증 가능한(CVID) 핵 폐기'를 고수하고 있다. 미국이 북한에 대한 적대시정책과 군사적 위협을 변화시키고 북한의 정치체제와 사회제도 등을 보장할 수 있느냐가 관건이 될 것이다. 따라서 북한의 '핵 포기' 과정은 마라톤적인 북·미 게임의 과정이 될 것으로 보인다. 국제사회와 미국의 고강도 대북제재는 무역적자 증가, 외화창출난, 경제성장 둔화 등 북한 경제를 '전대미문의 심각한 난국'으로 몰아넣고 있다.

결국 대북 경제제재는 북한의 경제를 어렵게 만들 수는 있지만, 제재만으로 북한의 핵을 포기시키는 것은 쉽지 않을 것으로 보인다. 북한의 최우선 과제는 역시 북·미 대화를 통한 제재 완화와 해제다. 따라서 북핵 문제 해결을 위해서는 북한이 핵을 고수할 이유가 없는 환경을 조성해줘야 한다. 그것은 바로 경제적 관여 정책이고, 국제사회는 인내심을 갖고 지속적으로 접근해야 한다. 주변국가와의 경제협력의 빈도를 높이고 제도화를 통해 자연스럽게 외부의 자본이 북한에 진출되도록 해야 한다. 군사적 긴장과 갈등, 극단적 외교조치로 인한 비용을 증가시켜서 주변국을 중심으로 한 국제사회의 북한에 대한 타협압력을 일치시키고 높일 수 있다. 외부와의 경제적 이해관계가 긴밀해짐에 따라 북한의 체제보장에 대한 국제사회의 요구도 증가되어 북한의 체제 위협에 대한 불안을 해소시킬 수 있다. 이를 통해 결과적으로 북한의 체제변화효과도 기대할 수 있게 된다.

3) 중−조 간 국가전략의 접목을 통한 전략적 경제협력

중국 일대일로 건설이 추진되고 있는 가운데, 북한은 국가전략으로 '총력 경제발전'을 중시하면서 "새 시대의 북·중 양국 관계 발전을 중시하고 있다"며 "사회주의 국가와의 관계를 더욱 확대 발전시키고… 혁명적 정당과 진보적 정당의 단합과 협력을 강화해 외부 환경을 개선한다" 등 대외관계 발전의 방향, 즉 "유구한 역사적 근간과 특수한 속성을 가진 북·중 관계를 우선적으로 발전시킬 것"이라고 지적했다.[28]

'대외 경제활동'은 북한의 자력갱생과 자급자족을 보완하고 '자립경제의 기초와 잠재력'을 강화하는 중요한 경로다. 대외 무역 확대, 국제 관광업 발전 및 외자 유치 등을 포함한다. 북한은 2021년 초 수입물자의 소독 절차와 방법, 소독질서 위반 시 처벌 내용을 규정한《수입물자소독법》을 제정해 코로나19 사태에서 국경을 열기 위해 수입 재개 등 대외무역을 준비했고, 상대적으로 관광자원이 집중된 '동해안 종합개발계획'을 승인해 '우리식'

---

28 노동신문, 2021년 1월 9일, 북한 노동당 제8차 대회 나흘째 회의 거행, http://www.rodong.rep.kp/cn/index.php?strPageID=SF01_02_01&news ID=2021-01-09-0001

건설을 추진한 것으로 보인다.²⁹ 1991년 첫 특구가 설립된 이래 현재까지 30년 가까이 지속되는 동안 특구 3곳과 개발구 28곳이 추가됐는데, 여기에는 북한이 2013년 5월 제정한 《경제개발구법》을 토대로 2013년 11월 전국에 설치한 13곳의 경제개발구와 2014년 공포된 6곳의 경제개발구 포함해 모두 19곳을 설치하기로 결정했다.³⁰ 함경북도 3곳을 비롯해 함경남도, 황해북도, 자강도, 평안남도, 평안북도 각 2곳, 황해남도, 강원도, 양강도, 남포시, 평양 각 1곳 등 남포와 함흥, 청진 등 특대도시와 신의주, 원산, 혜산, 송림 등 대중도시와 온성 등 소도시에 고루 분포해 있다.³¹ 개발구의 기능이 완비되어 있는 산업 · 농업 · 관광 · 경제개발구 각 4곳, 수출가공구 3곳, 국제녹색시범구 1곳, 첨단기술개

29 조선중앙통신, 2020년 3월 4일, 북한 최고인민회의상임위원회 제14기 제13차 회의, http://www.kcna.kp/kcna.user.article.retrieveNewsViewInfoList.kcmsf:jsessionid=7D361DF569A5434BF31E4CC2E7B5906D

30 평안북도 압록강경제개발구, 자강도 만포경제개발구, 자강도 위원공업개발구, 황해북도 신평관광개발구, 황해북도 송림수출가공구, 강원도 현동공업개발구, 함경남도 흥남공업개발구, 함경남도 북청진경제개발구, 함경북도 어랑농업개발구, 함경북도 온성도관광개발구, 양강도 혜산관광개발구, 남포 와우도국제기술개발구, 평양 은정첨단지역 등이다.

31 평안북도 압록강경제개발구, 자강도 만포경제개발구, 자강도 위원공업개발구, 황해북도 신평관광개발구, 황해북도 송림수출가공구, 강원도 현동공업개발구, 함경남도 흥남공업개발구, 함경남도 북청진경제개발구, 함경북도 어랑농업개발구, 함경북도 온성도관광개발구, 양강도 혜산관광개발구, 남포 와우도국제기술개발구, 평양 은정첨단지역 등이다. 북한에서 인구 100만 이상의 수도와 인구 50만~100만 명의 도부(道府)가 있는 도시는 특대도시로, 인구 20만~50만 명의 도시는 대도시로, 10만~20만 명의 도부(道府)가 있는 도시와 인구 5만~10만 명의 군부(郡府)가 있는 도시는 중등도시로, 인구 1~5만 명의 도시는 소도시로, 인구 1만 명 이하의 지역을 노동자구로 부른다.

발구 1곳 등이다. 이 중 11개가 중-조 국경에 포진해 있어, 중-조 간 경제특구를 거점으로 하는 경제투자 및 협력은 현실적 가능성이 높다.

또한 북한의 중국 '일대일로' 건설에의 편입은 중-조 양국의 이익에 부합하며, 중-몽-러 경제회랑을 한반도로 확장시키는 것은 중국에 있어 매우 중요한 전략적 의의를 갖고 있다. 북한은 중국의 일대일로에 주목하여 조선사회과학원에 국제경협연구실을 신설하여 중국의 일대일로 건설을 전문적으로 연구하고 있다. 중-조 간 전략적 소통을 통해 중-조 환경, 생태, 공공의료 등 산업, 신(新)인프라건설 분야의 합작을 확대하고, 이를 통해 북한의 조혈기능과 중국의 대북 영향력을 강화하게 된다. 특히 북한의 핵 불능화 노력과 국제사회의 대북 제재 완화로 이어지지 못한 북한의 절박한 요구가 주목받지 못하고 있는 것은 북한을 지치고 불안하게 만들기 쉽고, 그만큼 북한의 '핵보유 복귀' 유혹을 높이는 상황 하에, 중-조 경제협력은 북한이 추가 도발을 하지 않도록 하는 데도 도움이 된다.

4) 중-조-한 혹은 중-조-한-러 동북아 경제협력을 통한 산업사슬 건설 및 강화

유엔의 국제 제재와 미국, 일본, 한국 등 국가의 단독 제재가 계속되는 상황에서 북한은 "당의 존엄성을 위호하고 국제적 위상을 높이며 국익을 수호하는 것을 사명으로 여기고 자주를 원칙으로 삼아", "대외 관계 발전을 전면 확대하고", 특별히 "사회주의 국가와의 관계를 더욱 확대 발전"시키기 위해 노력하고, 이를 위해 《경제특별법》, 《경제개발구법》, 《수입물자소독법》 등 관련 법률을 제정하며, 각종 인센티브와 보장조치를 명확히 하고, 투자 환경을 개선하며 적극적 외자 유치 등을 준비하고 있다. 이는 중국을 비롯한 국제사회와의 대외 경제협력 심화와 확대에 좋은 사상 및 체제 기반을 제공한다.

하지만 북핵 문제와 유엔의 대북제재는 북한의 경제발전과 대외경제무역 협력의 공간을 압박하고 동북아 지역 경제협력의 진전을 해치고 있다. 그동안 미국 등 서방은 북핵 문제를 경제와 엮어 '선핵(先核) 후경(後經)', 즉 어려운 문제 먼저 푸는 길을 택하여, 장기간 경제-핵 연계를 실행해왔고, 북한의 '핵 포기'를 경제협력 추진의 전제로 삼았지만, 북핵 문제는 가장 풀기 어려운 구조적 문제로 여전히 풀리지 않는 상태다. 반대로 해법은 쉬운 문제부터 푸는 데 있다. 중국을 포함한 국제사회를 통한 북한과의 경제교역 확대와 상호신뢰 증대를 통해 북한이 국제통화기금, 아시아인프라투자은행, 아시아개발은행 등 국제금융기구에 가입하도록 유도하고, 국제자본의 북한 유입 리스크와 외자유치 비용을 낮춰 북한이 국제경제시스템에 편입되는 속도를 높여야 하며, 북한의 대외개방도와 북한의 외자유치, 경제개발, 경제발전 능력을 높이는 것은 역선택을 통해 북한의 안보 위기의식을 희석시키고 대북 자극을 피하면서 북핵 문제를 '타율적' 제재에서 '자율적' 선택으로 전환할 수 있다는 것이다. 특히 중국의 '일대일로'와 미국의 인도 · 태평양 전략, '경제번영네트워크' 등 거대 전략대결에서 한반도는 중-미 협력의 중요한 플랫폼이자 중-미 전략게임의 장이 될 수도 있으므로, 한반도는 중국의 대외전략에 있어서도 갈수록 중요해질 것으로 전망된다.

중국의 일대일로 건설 편입에 대한 북한의 관심 못지않게, 한국 문재인 정부 역시 중요한 외교정책 중 하나인 신북방정책과 중국의 일대일로와의 연계를 위해 많은 연구를 하고 있는 것으로 보인다.[32] 안보와 경제가 분리된 동북아 환경의 특성을 감안한 대북 분리적 관여정책, 즉 상대적으로 협의하기 쉬운 인도적 의료 및 방역 지원, 경제적 협력부터 단계적으로 시작함에 있어 중-조-한의 협력적 관계도 충분히 가능성이 있다. 이와 아울러 주변국의 하나인 러시아까지 포함한 중-조-한-러 경제협력과 민간 교류를 통해 신뢰 관계를 쌓음으로써 북한을 글로벌 인도적 지원 분야에서 참여자에서 주창자(主創者)와 추진자(進動者)의 한 축으로 점차 변화시켜 나가야 할 것이다. 동북아 주요국들이 우호적 이웃인 북한을 일대일로와 글로벌 거버넌스의 중요한 파트너로 키우자는 것이다.

---

32 헤럴드경제, 2020년 1월 23일, 문대통령 "신북방-일대일로 연계하라", http://news.heraldcorp.com/view.php?ud=20200123000401

6. 결론

분석을 통해, 북한의 경제는 강화된 제재로 인해 경제성장률, 대외무역 등에 있어 영향을 미친 것으로 보이고, 코로나19로 인한 국경봉쇄와 이로 인한 대중교역 중단은 2019년 반등하던 북한의 경제성장률과 대외무역 등에 부정적 영향을 미쳤을 것으로 추정되며, 2020년 2/4분기 배추가격 급등, 4/4분기 밀가루 가격 급등 등 일부 물가의 급등 역시 코로나19 환경으로 인한 것으로 추정된다.

대북제재 환경에서의 북한경제에 대한 분석결론은 다음과 같다. 첫째, 북한의 국가전략적 무게중심이 이동함에 따라 중-조 또는 중-조-한 내지 중-조-한-러 경제협력이 새로운 기회를 제공한다. '선경후핵(先經後核)', 즉 북핵 문제 해결에 있어 쉬운 문제부터 해결하는 것이 중요한 선택 중 하나인데, 중국을 포함한 국제사회를 통한 북한과의 경제교역 확대와 상호신뢰 증대를 통해 북한의 국제경제시스템 편입을 유도하고 경제발전을 촉진하는 것은 북한의 안보위기의식을 희석시키고 북한에 대한 급격한 자극을 피하게 할 뿐만 아니라, 북핵 문제 해결을 '타율적' 제재에서 '자율적'적 선택으로 변화시킬 수 있다. 둘째, 북한이 바이든 행정부의 대북정책 방향에 대해 "시시각각 변하는 정세를 예의주시하고 유연하게 대응하며 한반도 정세를 안정적으로 통제하는 데 집중하자"고 한 것은 중국이 조-미 관계 완화에 건설적인 역할을 더 잘할 수 있다는 것이다. 셋째, 새 시대의 중국은 중-조 간의 전통적 우의를 바탕으로 중-조 협력 또는 중-조-한 협력의 새로운 내실을 부여하고 장기적으로 경제 · 정치 · 외교 등 양자관계를 안정적으로 발전시켜 중국의 한반도 안정장치 역할을 강화해야 한다.

따라서 다음과 같은 대책을 제시한다. 첫째, 중국 공산당 창립 100주년, 중-조 우호협력 상호원조 조약 60주년 행사 등 중-조 양자 관계 발전의 중요한 토대[33]로 한 경제협력관계에 있어 중-조 경제협력에 한국과의 연계방안을 고려해 볼 수 있다. 둘째, 중-조 내지 중-조-한 민심이 통하고 협력할 수 있는 폭넓고 튼튼한 토대를 조성하고, 중-조 내지 중-조-한 양국 내지 삼국 간의 인문교류를 심화 · 확대하고, 인민의 상호 이해와 이해를 증진하며, 중-조 내지 중-조-한 민심의 통과의 폭을 넓히고 심화하고, 협력국 간 국민의 상호 호감도를 높이고, 방역 자체가 중요한 민생사업인 만큼 식량 · 백신 · 의료 · 보건 등 인도적 지원과

---

33 2021년 7월 1일, 김정은 동지는 시진핑 동지에게 중국공산당 성립 100주년을 축하하는 메시지를 보내며 "중국공산당에 대한 적대세력의 악의적 비방과 전방위적 억압은 일종의 최후의 발악에 불과하여, 어떠한 시도도 중국 인민이 총서기 동지 주위에 굳게 단결하고 새로운 승리를 향해 힘차게 나아가는 길을 막을 수 없다. 중-조 양국 모두 얽히고 설킨 국제정세 속에서 사회주의 · 공산주의 사업에 대한 올바른 신념을 견지하며, 전투적 우정과 혈육의 위력으로 당면한 난관과 장애를 과감히 극복하고 더욱 휘황찬란한 미래를 향해 힘차게 나아가고 있다. 중-조 양국은 반제국주의와 사회주의 건설 과정에서 고난을 함께 하며 우정의 새 장을 써온 진정한 동지이자 전우이다. 북한 노동당은 중국 공산당과 긴밀히 연대해 시대적 요구와 양국 인민의 염원에 따라 중-조 우의를 새로운 전략적 고도로 승화시키려 노력할 것"이라고 말했다. 조선중앙통신, 2021년 7월 1일, http://www.kcna.kp/kcna.user.special.getArticlePage.kcmsf

협력을 증진시킬 필요가 있다. 셋째, 중-조 내지 중-조-한(-러) 전략적 경제협력을 새롭게 고도로 발전시키는 시나리오다. 우선 북한이 공포한《수입물자소독법》은 우선 중-조 국경을 개방하고, 대북무역재개를 위한 준비를 재개하며, 포스트 코로나 시대의 도래를 위한 제도적 토대를 마련할 수 있는 유리한 시기로서 중-조 협력, 수입물자 소독 · 방역 · 방역 분야서 먼저 가동한다. 다음으로 '일대일로(一帶一路)'의 중-몽-러 경제회랑을 북한과 그 한반도까지 확장하며, 교통 인프라의 네트워크를 강화하고, 산업협력을 위한 하드웨어적 토대를 제공하며, 북한을 동아시아 또는 아시아 공급사슬과 산업사슬에 포함시켜 북한의 경제발전을 돕고, 북한의 빈곤탈출과 공동번영을 돕는다. 그다음, 전략적 관점에서 중-조 내지 중-조-한-러 경제협력을 강화하고 확대하며, 중-조 국경을 넘나드는 관광 · 교육 · 문화 · 위생 · 과학기술 · 환경보호 · 생태 · 민생협력을 심화시키는 동시에 신(新)인프라 · 디지털경제 등 분야의 협력을 확대한다. 마지막으로 중-조 내지 중-조-한-러 경제관계 발전을 위한 제도적 토대를 한층 더 마련하고, 자유무역협정(FTA)과 자유무역지대 건설에 관한 연구를 전망적이고 전략적으로 가동하며, 경제 · 투자 · 금융협력을 전면적으로 전개할 수 있도록 제도적 보장을 제공하고, 양국 내지 세국가 간 경제협력제의 고지를 점령한다. 넷째, 중국은 북한의 합리적 요구에 계속 관심을 갖고, 국제사회의 대북제재 완화를 위해 북한의 '핵 포기' 행동과 실천에 따라 국제사회의 대북 경제제재를 완화하거나 없애기 위해 노력한다.

참고 문헌

양문수(2017), "김정은 집권 이후 개정법령을 통해 본 '우리식경제관리방법'", 『통일정책연구』 제26권 2호(통일연구원, 2017), pp.81-115.

양문수(2021), "북한 8차 당대회가 북한경제 및 농업에 미치는 영향", 『KERI 북한농업동향』 Vol. 22 No. 4, pp.3-17.

정은찬 · 김재현(2020), "코로나19에 따른 북한 경제 파급효과", 『세계지역연구논총』 38(4), pp.137-159.

제2부

남북중 협력

포스트 코로나 시대 남북중 경제협력

진샹단(지린대)

　한반도의 다변화한 안보정세 하에 중국, 북한 및 남북 간 경제협력은 주로 양자협력의 형태로 추진되어왔고 효과적인 다자간 협력을 형성하지 못하였다. 2020년 코로나19의 범세계적 확산은 국제경제협력 비용의 급속한 상승뿐만 아니라 국제경제구도의 가속 변화조정을 초래하여 한반도 정세의 불확실성을 더욱 강화하였다. 코로나 바이러스의 유입을 막기 위해 북한은 신속히 국경을 봉쇄하였으며 이로 인해 중국과 북한의 경제협력 또한 저조기를 맞이하게 되었다. 2021년 1월, 북한은 노동당 제 8차 대회를 개최하여 새로운 국가경제발전 5개년 계획목표를 발표하였고 국내 생산 정상화를 경제 건설 중점과업으로 삼아 경제위기를 예방하고 내부적으로 기반을 다지면서 국제제재를 무력화하려는 강한 의지를 보여주었다. 하지만 코로나19 확산과 국제제재의 2중 제한 속에 북한은 경제난 강화와 대외경제협력 경색 등 도전에 직면하게 되었다. 이러한 배경 속에 포스트 코로나 시대 남북중 경제협력은 어떻게 재개하여야 하고 또 어떠한 방식으로 기존의 협력한계를 돌파할 것인가 하는 것은 3국이 공동으로 노력해야 할 과제이다.

1. 미중 경쟁구도의 남북중 경제협력 불확실성 강화

냉전종식 전후, 한국 노태우 정부는 소련·중국 등 사회주의 국가들과의 협력관계 구축을 중심으로 한 '북방정책'을 추진하였다. 그중 대북 교류 확대 역시 정책의 일환으로 간주되었다. 북방정책의 긍정적 영향 속에 남북관계는 90년대 대체적으로 안정을 유지하였고 1차 북핵 위기 당시 한국은 심지어 미국에 강경 태도를 보여 위기악화 상황 피면에 적극적 작용을 발휘하였으며 앞으로의 대북한 및 대중국 경제협력 발전 기회를 마련하였다. 1998년 및 2000년을 전후로 한국과 북한은 금강산 관광과 개성공단 협력 의사를 밝히며 양자 협력 구축에 힘을 기울였다. 이러한 협력 속에 2002년 한국은 일본을 대체하여 북한의 제2대 무역파트너 및 최대 수출시장으로 등극하였고 무역액은 북한무역의 약 16%에 달했다.[1] 2008년 이명박 전 대통령 시기까지만 해도 한국의 대북무역은 북한 대외무역의 26%까지 증가하였다. 이

---

1   Dick K. Nanto, Emma Chanlett-Avery, *North Korea: Economic Leverage and Policy Analysis*, CRS, January 22, 2010 : 38.

2000년~2008년 북한의 대외무역

북한의 대외수출(백만 불)

	2000	2001	2002	2003	2004	2005	2006	2007	2008
세계	1319	1171	1291	1266	1561	1568	1909	2535	2801
중국	37	167	271	395	586	499	468	584	754
일본	257	226	235	174	164	132	78	0	0
한국	152	176	272	289	258	340	520	765	930
러시아	8	15	10	3	5	7	20	34	14
인도	20	3	5	1	4	8	9	41	116
태국	20	24	44	51	91	133	168	36	29
독일	25	23	29	24	22	45	17	16	21

북한의 대외수입(백만 불)

	2000	2001	2002	2003	2004	2005	2006	2007	2008
세계	1895	3086	1973	2051	2616	3388	2908	3437	4127
중국	451	573	468	628	799	1081	1232	1393	2033
일본	207	1066	133	92	89	62	44	9	8
한국	273	227	370	435	439	715	830	1032	888
러시아	38	62	69	111	205	206	190	126	97
인도	158	170	145	105	167	38	33	41	40
태국	189	106	172	204	239	207	216	184	48
독일	53	80	138	71	68	63	63	34	31

출처: Dick K. Nanto, Emma Chanlett-Avery, *North Korea: Economic Leverage and Policy Analysis*, CRS January 22, 2010 : 38.

와 동시에 중국과 북한의 무역은 신속한 발전을 이룩하였고 2008년 무역규모는 약 2.8억 불로 북한 대외무역의 약 40%를 초과하였다. 비록 중국, 한국 및 북한 3국은 시종 다자 협력의 안정적 틀을 갖추지 못했지만 3국 간의 경제무역 협력은 상당 기간 상호 추진되는 긍정적 방향으로 발전하여 북한 경제난 해소에 기여하였을 뿐만 아니라 중한 양국이 대북협력을 통해 북한의 경제정책 조정을 이끌어가는 데도 긍정적인 역할을 하였다.

국제적 환경으로 볼 때, 이러한 3국 경제협력의 선순환 구조는 미국의 대중국 '접촉과 억제' 외교노선과 깊은 연관이 있다. 미국은 비록 중국을 억제 대상으로 여겼지만, 상대적 힘 차이의 존재로 인해 중국을 경쟁상대로 여기진 않았다. 당시 미국은 중국과의 경제협력 관계가 최종적으로 중국의 변화를 유도하는 것에 유리하다고 생각했고 한국 등 동맹국들의 대중국 무역관계를 낙관적 시각에서 바라보았다. 이와 함께 미국은 남북 경협 확대가 북한의 변화를 추진하는 데 도움이 된다는 판단을 기본으로 하였다. 즉 미중관계의 총체적 안정과 한반도 비핵화에 대한 양국의 일정한 공감대는 한반도 문제에 있어서 서로의 역할을 보다 긍정적인 시각으로 바라보도록 하여 중미관계의 안정이 중국, 한국과 북한의 경제협력에 긍정적 작용을 발휘하였다고 볼 수 있다.

그러나 미국의 대중 전략경쟁이 심화되면서 미국은 점진적으로 중국과 한국, 중국과 북한 및 남북협력에 대한 인식이 부정적으로 전화하였다. 대중국 억제정책 하에 미국은 동북아 사무에 대한 개입을 강화했고 사드위기로 인한 중한관계는 큰 타격을 입었으며 자유무역협정을 갓 체결하였음에도 불구하고 경제영역 마찰과 모순이 악화되었다. 북한의 핵실험 추진과 함께 미국은 대북 제재를 강화하고 제3국 제재로 대북 공조를 더욱 제한하며, 대북 제재를 중국의 대한반도 영향력을 제한하기 위한 정책적 조치로 간주하였다. 바이든 정부 출범 이후 외견상 비록 판문점 선언과 싱가포르 공동성명 등 기존 성과의 연장선에서 대북정책을 조율하려고 하지만 한반도 비핵화 문제의 우선순위는 실질적으로 이미 대중 경쟁의 후순위로 밀렸으며, 전략적 인내와 동맹체제로의 회귀로 한반도 문제를 대응하려고 하는 양상을 보이고 있다. 미중경쟁 구도의 형성으로 인해 한반도 비핵화 문제에서 동맹의 중요성과 영향력은 강화될 것이고, 반면 중한 간 전략적 협력의 불확실성은 더욱 심화할 수 있다. 바이든 대통령과 문재인 대통령의 공동성명에서 도출된 협력의사를 보면 미국은 한국의 대중 경쟁 참여는 물론 심지어 중국을 상대로한 전략적 디커플링에 동참하도록 주력하고 있다. 이는 사드 위기의 그늘에서 벗어나지 못하고 있는 중한 경제관계를 설상가상으로 악화시켜 정치적 신뢰를 약화시킬 우려가 크다. 한미 공동성명에서 바이든 대통령이 비록 남북대화와 협력에 대한 지지를 표명하였지만 이는 대북제재 완화 등 실질적으로 남북협력을 추진할 수 있는 의미있는 정책행동과는 거리가 멀다. 이러한 상황에서 남북협력은 여전히 한계를 보일 수밖에 없다. 종합해 보면 중국, 북한

및 한국의 경제협력은 앞으로 상당 기간 북중 경제협력 강화, 남
북협력 정체 및 중한 경제협력 불확실성의 부각 등 추세를 보일
것으로 예상된다.

2. 코로나19로 인한 북한 대외경제협력의 딜레마

김정은 집권 이후 북한의 국가발전전략은 '병진노선', '경제발
전 총력집중', '정면돌파' 등 조정과정을 거쳐 경제 상황을 개선
하고 자립 경제를 발전시키겠다는 강한 의지를 보였다. 경제건
설의 성과로 볼 때 기업책임 관리제 및 종합시장 등 조치의 실행
은 생산성 향상과 생산요소의 이동을 촉진하여 민생안정에 일정
한 기여를 하였지만, 관련 정책조치의 경제 성장 견인 효과는 여
전히 미약하다. 더욱이 코로나19의 범세계적 확산은 단기적으로
북한 경제에 큰 충격을 주어 국제제재로 인한 경제 상황을 더욱
악화시켰다.

이러한 상황에서 한편으로 경제난 심화로 인해 북한의 대외협
력 필요성은 사실상 부각되고 있다. 코로나 방역을 위해 북한은
북중 국경을 신속히 봉쇄하여 북중 무역과 교류는 전면 중단되
었다. 단기적으로 볼 때 코로나로 인한 경제적 충격은 국제제재
보다 더욱 현저하다. 2020년 북한의 대중국 무역은 80.8% 감소
하였고 그중 수입 80.9% 하락, 수출 77.7% 하락하였다. 2021년
1월~4월 이러한 감소세는 지속되었고 북한의 대중무역은 80.8%

하락하였고 그중 수입의 하락세는 82.4%에까지 상승하였고 수출 또한 52.6% 하락하였다. 이에 비해 유엔 국제제재 충격이 집중적으로 나타나기 시작한 2018년 북중 무역은 51.9% 감소하였고, 그중 수입 33.4%, 수출 87.6% 감소하였다. 코로나 방역으로 인한 북중 무역의 감소는 수출과 수입에서 동시에 나타나였으며 특히 수입 감소세가 더 현저하게 나타나고 있다. 현재 북한의 대외수출입 이중 위축은 자본축적과 물자보장에 충격을 주고 산업 부문별 생산난을 심화시켜 거시경제에도 큰 영향을 미칠 수 있을 뿐만 아니라 민생에도 영향을 미칠 것으로 예상된다. 이러한 맥락에서 볼 때 물자 보장을 위한 대외무역 재개 필요성이 부각되고 있다.

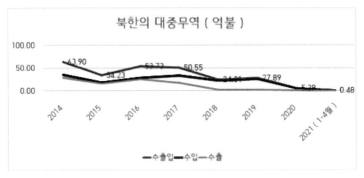

출처: 중국 해관

다른 한편 북한은 코로나 바이러스에 촉각을 곤두세우며 대외경협 재개에 신중한 태도를 보이고 있다. 코로나19 사태 이후 북한은 국경 봉쇄와 인적·물적 왕래 중단 등 단호한 조치를 취하고 있다. 2020년 1월 말 북한은 세관을 폐쇄하고 외국인 입국을 일시 중단하며 바이러스 유입을 차단했고, 1월 30일, 북한은 중앙인민보건지도위원회를 설립하였고 위생방역체계를 국가비상방역체계로 설정하였으며 7월 탈북민이 개성을 통해 월북한 사태 이후 국가 방역체계를 최대비상체제로 상향조정하였다. 북한 중앙 및 각 도 기관들에서는 인원검열, 선전확대, 공공시설 소독, 위생물자 생산 강화 등의 조치를 적극적으로 추진하였고 국경경비를 강화하여 국경을 넘나드는 행위를 엄중히 처벌하였으며, 외국인들을 집중 격리하였다. 코로나 바이러스 유입을 방어하기 위해 북한은 광명성절 금수산 태양궁전 참배 행사 규모를 축소하였고 노동당 75주년 열병식 등 대형 행사도 야간 행사로 진행하였다. 김정은 위원장은 국가 비상방역 근무 현황에 대해 수시로 보고받고 상황파악을 강화하였으며 2021년 6월까지도 확진자가 나타나지 않았지만 엄청난 방역위기에 처해 있다고 경고하면서 어떻게든 코로나의 유입을 막으려고 노력하는 것을 볼 수 있다. 코로나 국경봉쇄로 인한 경제리스크가 확산됨에도 불구하고 북한은 지금까지도 여전히 국경개방에 신중하고 방역에 촉각을 곤두세우고 있다. 따라서 북한은 전 세계적으로 코로나 바이러스가 효과적으로 관리되기 전까지는 대외경협에 대한 기대를 최저한으로 낮추고, 자신들의 필요에 따라 제한적으로 대외무역을 재개하는 대신 국경을 엄격히 관리하여 인적교류를 철저히 제한할 가능성이 크다. 북한으로선 날로 심각해지는 경제난 속에서 효과적으로 방역을 취하는 동시에 대외 경제협력을 재개하여, 국

내 생산물자의 기본 순환을 보장하는 것이 목전 큰 도전이라 할
수 있다.

3. 남북중 경제협력 방향

포스트 코로나 시대 복합적 요인에 인한 한반도 정세의 불확
실성이 증폭되고 있는 상황에서 남북중 경제협력 재개는 많은
도전에 직면하고 있다. 북한으로선 한반도 비핵화의 뚜렷한 진
전이 없고 안보 상황의 근본적 완화가 이뤄지지 않은 상태에서
'경제건설로의 총력집중'은 국가 발전의 최우선 목표가 될 수 없
을 것이고 경제 건설과 대외 경제 협력 상황은 근본적으로 개선
되기 어렵다. 이 또한 남북중 경제협력이 시종일관 '한계'를 돌파
할 수 없었던 근원이기도 하다.

북한은 부존자원에 한계가 있어 국제제재 장기화와 코로나19
의 지속은 산업구조와 생산체계의 왜곡을 심화시켜 결국 경제위
기 리스크를 강화할 수밖에 없다. 경제난 가중 상황에서 북중협
력의 중요성이 강화될 것이고 양국 정상 간 긴밀한 소통하에 포
스트 코로나 시대 북중 협력은 더욱 탄력을 받을 것이다. 한국은
미국에 대한 의존과 과도한 기대 때문에 대북정책의 독립성이 부
족하였다. 문재인 정부는 여러 차례 남북협력 재개를 시도했지만
미국의 실질적인 지지를 받지 못하였고 '5.24'조치로 인해 대북
협력 재개는 어려움이 많다. 뿐만 아니라 한국은 냉전적 시각으

로 북중 협력을 바라보는 틀에서 벗어나지 못하여 한반도 정세가 일단 완화될 기미가 보이면 중국을 경쟁자로 여기고 배제하려고 하는 경향을 종종 보여왔다.

미·중 경쟁구도하에 중한 양국은 경제무역 분야의 전략적 소통을 강화하고, 양자 협력을 보완·확대해 한반도 비핵화를 공동 추진할 수 있는 정치적 신뢰 기반을 강화하여야 한다. 목전 한반도 비핵화가 침체기에 빠진 가운데 중국, 한국 및 북한의 경제협력은 기존 양자협력을 위주로 한 상호 보완된 메커니즘을 유지하는 동시에 다자협력 가능성을 탐색할 수 있다.

첫째, 방역협력 가능성 모색. 목전 코로나 바이러스는 범세계적으로 재확산 양상을 보이고 있다. 북한의 공공위생용품 생산 및 바이러스 테스트 기술 수준이 비교적 제한적이라는 점을 고려했을 때 국경지역 방역협력 강화 및 대북 백신원조의 필요성이 대두되고 있다. 특히 대북 백신 원조는 백신제공에 그치는 것이 아니라 백신운송, 보관 설비 시설 및 의료진까지 포함한 구체적이고 체계적인 시스템적 지원이어야 할 것이다. 북한 내 코로나가 확산되지 않은 기회를 이용해 신속히 집단면역을 실현할 수 있도록 도와야 하며, 앞으로의 추가적인 경제·무역 협력을 위해 기반을 마련하여야 한다. 접종 순서는 평양과 신의주, 나진, 개성 등 접경지역에서 우선 가동해 코로나 유입 차단 기능을 강화할 수 있다.

둘째, 북한의 대중 무역재개 적극 지지. 중간재, 자본재 수입은 북한 각 산업부문의 정상적인 생산 운영에 중요한 의의를 가지고 있다. 북한 경제건설에 시급히 필요한 비료, 식량 등 소비품 및 중간재, 자본재의 수입에 편리를 제공하고 물자원조 및 화물 통관,화물소독 등의 면에서 협력을 강화할 필요가 있다.

셋째, 코로나19가 진정되면 중국과 한국은 관광산업을 돌파 구로 대북 인문교류 협력을 재개할 수 있다. 관광협력은 유엔 대 북제재가 계속되는 가운데 북한의 대외협력이 제약을 받지 않는 소수 분야 중 하나이고 또한 북한의 외화 수입 및 경제건설 자본 축적의 주요 통로이다. 강화된 유엔 국제제재 속에서 북한은 관 광 개발에 대해 예전보다 더욱 적극적인 자세를 보이고 있다. 북 한은 이데올로기에 미치는 영향을 최대한 제한하는 전제하에 관 광의 산업화를 추진하고 있다. 이는 중국 · 한국 · 북한 간 경영 경험 공유, 관광상품 개발, 관광기념품 디자인 등 협력을 강화할 수 있는 기회를 제공할 수 있다. 목전 북한에는 5개의 관광개발 구와 4개의 관광산업 관련 경제개발구(압록강경제개발구, 숙천농업 개발구, 만포경제개발구, 혜산경제개발구)가 있다. 또한 근래 북한은 삼지연지구, 원산 갈마해안관광지구, 양덕온천관광지구 등의 관 광업 개발을 더욱 강화하여 세계 유명 관광지를 건설하려 하고 있다. 앞으로 3국은 백두산, 두만강 삼각주를 중심으로 국제관 광 협력을 추진할 수 있으며 인프라 시설, 관광서비스 등 구체 적인 협력을 추진할 수 있다.

북한의 주요 관광개발구

등급	건립시간	开发区	위치	면적	특색
중앙급	2014년 6월	원산-금강산국제관광개발구	강원도	440	금강산관광, 사적지관광, 국제요양관광
도급	2013년 12월	온성섬관광개발구	함경북도	1.69	골프, 수영, 경마
중앙급	2015년 4월	무봉국제관광특구	양강도 삼지연	20	장백산(백두산)관광
도급	2014년 7월	청수관광개발구	평안북도 삭주군	20	압록강 유람과 혁명 사적지 관광
도급	2014년 7월	신평관광개발구	황해북도 신평군	8.1	자연경관, 체육, 오락

　넷째, 중국과 한국은 대북 경제 협력을 충분히 조율할 필요성이 있으며 상호 경쟁 구도의 형성을 피면하여야 한다. 앞으로 중국과 한국은 두 가지 방면에서 대북 상호 교류 협력을 추진할 수 있다. 하나는 인프라 협력에 있어 경의선 북한 구간 업그레이드 사업을 추진할 수 있다. 즉 신의주-평양 노선 인프라 개선을 통해 3국을 연계한 새로운 경제벨트를 조성할 수 있다. 중국의 가입은 한국에 대한 북한의 거부감을 완화시킬 수 있고, 한국의 참여로 인해 자금 융자와 리스크 분산에도 큰 도움이 될 것이다. 다른 한편으로는 한국의 '신북방정책'과 중몽러 경제회랑의 연계를 추진하여 동북아 각국을 포함한 경제벨트 형성에 공동 노력하는 것이다. 지정학적 영향으로 인해 중국의 '일대일로' 건설은 아직 동북아 지역 경제회랑을 형성하지 못하고 있다. 일단 한반

도 비핵화가 실현된다면 '일대일로' 건설과 동북아 지역협력과의 연계는 한반도 평화와 발전 번영에 새로운 모멘텀을 형성할 수 있을 것이다.

포스트 코로나 시대 동아시아 협력의
새로운 패러다임:
한중 방역공동체의 구축 및 발전

예동근(부경대)

코로나19가 뉴노멀화 되고 있다. 1년 8개월이 지났지만 사라질 조짐이 보이지 않고 더욱 확산되고 있다. 백신, 치료제 개발과 백신접종 등 핵심대응이 실시되고 있지만 이웃나라 동경올림픽도 우려가 가득하다.

88 서울올림픽을 통하여 세계가 화합하는 평화의 메시지가 전달되었고, 08 베이징올림픽을 통하여 중국의 궐기와 대국국제질서 개편의 신호가 전달되었다. 오래전 64년 동경올림픽을 통해 세계의 경제강국의 부상을 알렸다면 21년도 동경올림픽은 일본의 부활의 신호를 보내고 싶지만 코로나19로 큰 장벽이 생기고 있다.

이처럼 코로나19는 경제, 사회에 직접적인 타격은 물론 국제관계에도 영향을 주며, 여러 국가들이 어느 때보다 협력을 통한 대안이 필요한 시점이다. 본 글은 중국에 초점을 맞추어 방역협력, 방역외교를 살펴볼 것이며, 각 정부의 대응과 협력에 대한 고찰을 통해 방역실천에 대한 몇 가지 제언을 하고자 한다.

1. 협력 배경: 중국의 방역 '공동체' 사상

중국은 세계 방역활동에서 '국제사회 단합' 사상을 일관으로 견지하고, 방역 활동에서 다자주의를 견지하며 인류의 운명공동체 구축을 추진하고 있다고 천명하고 있다. 중국 연구자들의 연구를 보면 구체적으로 다음 4개의 측면에서 방역외교와 방역협력의 입장을 정리하고 있다. 첫째, 효과적으로 예방·통제에 관한 국제협력을 전개하고, 다자간 국제기구나 유관기관의 코로나19에 관한 정확한 정보와 방역·임상 경험의 공유를 추진한다. 둘째, 코로나에 따른 경제발전에 대한 부정적 영향에 대해 협력하고, 세계화를 계속 추진하며, 금융규제를 강화하면서 세계 금융시장의 안정을 계속 유지한다. 셋째, 방역과 대응 취약한 국가에 대한 인도적 지원으로 아시아, 아프리카, 중남미 등을 중점적으로 지원한다. 넷째, 전 인류에게 혜택이 돌아가는 건전한 전 세계 공중보건 시스템을 구축하기 제창하고, 전 세계 공중 위생 관리의 합리적 발전을 촉진한다.

〈표 1〉 중국 코로나 대응 조치의 실천

진행상황 및 방역, 임상경험 공유	• WHO와 주변국가에 정보 통고 • 주변 국가들과 방역정보 교류 • 진료 및 통제방안을 번역하고 중국경험을 전 세계와 공유 • 중국 싱크탱크 및 전문가 다양한 방식으로 대외교류 전개
인도주의적 지원을 제공	• WHO에 현물 원조를 제공 • WHO의 코로나 통제용품 구매와 비축물자 자장창고 건축에 지원 • 의료전문가 파견 및 방역 지원 • 방역기술 상담 및 건강교육 제공 • 적극적으로 방역 물자 기증 제창
국제 과학 연구 교류 협력 전개	• 관련 국가들과 바이러스의 근원 추적·치료제·백신 등에 관련된 과학 연구 교류 전개 • 신종 코로나바이러스 연구성과의 학술교류 플랫폼 구축 • 국내외 전문기관과 협력하여 백신 연구개발 및 약품 임상실험 가속화

자료출처: '코로나19에 맞서는 중국의 행동(抗击新冠肺炎疫情的中国行动)' 백서(6월 7일 중국 국무원 신문판공실 발표).

2020년 6월 7일, 중국 국무원 신문판공실 '코로나19에 맞서는 중국의 행동(抗击新冠肺炎疫情的中国行动)' 백서 발표. 사진 출처: 东方资讯(2020.06.07)

    중국정부는 우한에서 대량으로 확산한 코로나19의 진원지를 강력하게 부정하고 공격적인 대응을 하였으며 적극적으로 세계보건기구에 대한 지원, 강력한 방역조치를 취하면서 외교적성과와 사회적 안정을 되찾았다. 하지만 서구에서 여전히 중국을 코로나 전파국으로 매장하면서 중국인 혐오, 폭행이 자주 발생하였으며, 심지어 동양인 혐오로 번지고 있었다.

    중국정부도 중국 이미지가 심각하게 타격받고 있다는 것을 인지하였고, 적극적인 선도적 방역책임대국의 자세를 세계에 보여주고 있다. 구체적인 조치는 표 2를 참고할 수 있다.

〈표 2〉 중국의 전 세계 코로나 대응협력에 대한 기본 주장

방역 · 통제하는 국제 간 연대와 협력을 효과적으로 전개	• WHO가 발휘하는 전 세계적인 방역지도 역할을 인정 • 정보공유 및 경험교류 강화, 글로벌 과학연구 전개 • 다자간 메커니즘을 이용하여 대화 교류와 정책 조정의 강도를 강화
세계 경제에 영향을 협력하여 대처	• 국제 거시경제 정책의 조화를 강화 • 세계화를 계속 추진하여 다자간 무역체제를 수호해야 한다고 주장 • 강력하고 실효성 있는 재정과 통화정책을 실시 • 국제시장에 방역물자 · 원료의약품 등 지속 공급
방역 취약지역 원조	• 다자기구에 아프리카 국가에 긴급 원조 호소 • 선진국에 아프리카 국가에 물자 · 기술 · 인력을 제공 호소 • 의료 전문가팀과 업무팀을 파견
건전한 전 세계 공중 위생 체계 완비	• 건전한 전 세계 공공위생 안전 장기 융자 메커니즘 완비 • 건전한 위협경보와 연합 응답 메커니즘 완비 • 건전한 자원비축과 자원배치 체계 완비

자료출처: '코로나19에 맞서는 중국의 행동(抗击新冠肺炎疫情的中国行动)' 백서(6월 7일 중국 국무원 신문판공실 발표).

중국은 한편으로 방역책임대국의 자세를 보이고 세계방역에 적극적인 역할을 하면서 주변국가와 교류를 강화할 수 있는 실효적인 방역조치도 눈에 보인다. 이런 부분은 한국에서 눈여겨보면서 어떻게 실효적인 방역을 할 수 있는지 방역협력교류를 강화하고 초국적 협력모델을 탐색해야 한다. 그리고 코로나19의 장기화와 뉴노멀화 과정에서 창조적이고 혁신적인 신경제모델과 제도적 혁신을 이루어 한중관계가 양호하게 발전할 수 있도록 업그레이드할 대안을 찾아야 하는 것이다.

예컨대 국가 간 방역을 통해 코로나방역공동체를 형성할 수 있는 국가적 공감대를 이루는 것이다. 특히 한국과 중국은 경제적 관계가 밀접한 이웃국가로서 인적교류, 물류, 기술, 무역 다양한 방면에서 '자유로운 통로'가 필요해지고 있다. 여러 국가가 함께 성공적인 방역을 이루었을 때 문호가 다시 개방될 수 있다는 점에서 협력모델을 찾는 것이 갈수록 중요해지고 있다.

이런 측면에서 한중 양국은 서로의 코로나19의 전파에 따른 책임론을 따지는 것보다 대응책을 찾는 것이 중요하며, 중국의 실효적인 방역이 어떻게 이루어졌는가를 냉정하게 평가하는 것이 중요하다.

또한 중국모델은 중국에서 성공적인 방역이었지만 보편적인 모델로 보기 힘든 측면도 있다. 좋지만 따라 하기 힘든 측면이 많다. 중국도 타국의 사정을 이해하는 것이 중요하다. 상호이해의 기반이 있어야 상호협력이 가능한 것이다.

중국과 한국이 상호이해를 기반으로 협력적인 구체적 방역조치를 살펴보면 아래와 같다. 중국과 한국은 코로나 발생 직후 공동 방역 협조체제를 구축하고, 한중 간 필수적인 경제활동을 보장하기 위해 기업인 입국을 위한 신속통로(기업인 입국 절차 간소화 방안)와 방역 물자가 필요한 국민에게 제때 지원하기 위해 특별히 녹색통로를 만들어 경제교류에 필요한 최소인력의 '자유로운 이동'을 보장하였다. 한국도 매달 중국에 300명 정도의 녹색통로를 열어주면서 인적교류를 보장하고 있다.

2. 한중 초기의 코로나 대응 방역협력

한국과 중국 외교부 및 방역당국 등 관계부처가 참석한 가운데 '한중 코로나19 대응 방역협력 대화' 2차 화상회의가 열리고 있다. 한국과 중국은 신종 코로나바이러스 감염증(코로나19) 세계적 대유행 상황에서도 기업인의 필수적인 경제 활동을 보장할 수 있도록 입국 절차를 간소화하는 '신속통로' 신설에 합의했다.(외교부 사진 제공) 출처: 뉴스1(2020.04.09.)

코로나19 확산에 맞서 한국과 중국은 모두 국내 방역 응급대응 시스템을 적극 가동하고, 선진적 IT수단, 치밀한 통제 네트워크, 효율적인 추적조사 방식을 바탕으로 효과적인 대처를 하고 있다. 한국과 중국을 비롯한 동아시아의 방역 모델은 매우 효과적이라는 점에서 국제적으로 높은 평가를 받고 있다. 한국의 방역 세부조치를 보면 주로 효율적이고 광범위한 검사를 통해 환자를 확인하고 밀접접촉자를 추적, 격리, 관찰해 교차감염을 최소화했으며, 방역과정에서 정부의 요구에 호응해 방역효과가 탁월했다(李家成, 2020). 이런 점에서 한국과 중국의 방역조치는 공통점이 있다. 비슷한 방역수단과 비슷한 문화적 전통이 양국 간 방역 다층적 협력의 토대를 마련하였고, 구체적으로 보면 한중 방역협력은 이미 여러 방면에 깊숙이 자리 잡았다.

2020년 3월 12일 오전 인천 중구 운서동 현대로지스앤팩 내 한진물류창고에서 대한적십자사 직원 등이 중국의 전자상거래 업체 알리바바 창업자인 마윈(馬雲) 전 회장이 한국에 기증한 마스크 100만 장을 각 지역으로 보내기 위해 운송 차량에 싣고 있다. 출처: 연합뉴스(2020.3.13.)

한중 방역협력은 민간에서 먼저 시작하였다. 코로나19 사태 초기 한중 양국은 단합된 공조를 통해 '도불원인 인무이국(道不遠人, 人無異國: 도는 사람에게서 멀리 있는 것이 아니고, 사람은 나라에 따라 다르지 않다)'라는 단합된 방역 미담을 썼다. 2020년 2월 박원순

전 서울시장이 중국 코로나 대응을 응원하는 동영상을 녹화하고, 베이징시에 방호용품을 기증하였다. 베이징시는 2020년 3월 한국에서 코로나 폭발 때 적극 대응해 방역물자를 서울시에 대거 기증하였다.[1] 서울시와 베이징시의 우호 관계를 과시하기 위해 베이징시 대외우호협회는 '베이징·서울-우리가 함께'를 주제로 한 방역 동영상 공모전을 열고 일부 예술단체를 초청해 한국 국민들에게 안부인사를 전하고 방역 협력의 비전과 코로나바이러스 소멸하는 축원을 전하였다.[2] 중국 후베이(湖北)성과 한국 충청북도는 마스크를 상호 기증하였고, 중국 8개 도시에 방역물자를 기증했던 광주시도 우한(武汉), 다롄(大连), 뤄양(洛阳) 등 우호 도시로부터 방역물자를 지원받았으며, 하이난(海南)성과 제주도 역시 이번 코로나사태에서 서로 돕고, 함께 어려움을 극복해 나가는 협력 정신을 보여주었다.[3]

민간 차원의 방역협력 활동이 활발해지는 가운데 한국과 중국의 정상들도 코로나 발생초기 전화 및 서한 등을 통해 서로에 대한 관심을 표시하였다. 2020년 1월 28일 중국의 코로나사태가 아주 심각한 상황에서 문재인 대통령은 시진핑 중국 국가주석에게 전화를 걸어 중국의 적극적인 대응을 긍정적으로 평가하고,

---

1   주한 중국대사관. 베이징·서울-우리가 함께(北京·首尔 我们在一起). http://kr.china-embassy.org/chn/zgzt/FeiYan2020/t1779007.htm,2020.05.04

2   https://mp.weixin.qq.com/s/50Aerit6IrkjmCzKvYwPKA, 2020.05.13

3   http://world.people.com.cn/n1/2020/0612/c1002-31743801.html, 2020.06.12

조기에 코로나바이러스를 극복하는 기원을 전하며 중국에 아끼지 않는 협조와 도움을 약속하였다.[4] 3월 14일 한국에서 코로나19가 확산하자 시진핑 주석은 문재인 대통령에게 전화를 걸어 현재 중국 정부와 인민을 대표해 위로의 마음을 전하고 양국 국민의 생명안전과 건강을 위해 협력할 의지가 있다고 밝혔다.[5] 한중 정상들의 긴밀한 소통 기반은 한중 방역협력 강화의 물꼬를 터주었다.

2020년 1월 28일, 문재인 대통령은 시진핑 중국 국가주석에게 전화를 걸어 협조와 도움을 약속. 3월 14일 한국에서 코로나19가 확산하자 시진핑 주석은 문재인 대통령에게 전화를 걸어 양국 국민의 생명안전과 건강을 위해 협력할 의지를 밝힘. 사진 출처: YTN(2021.1.26.)

---

4 연합뉴스. 문재인 대통령은 시진핑 주석에게 서한을 보내 중국의 코로나 방지에 협조하겠다는 뜻을 밝혔다(文在寅致函习近平表示愿协助中国防控新型肺炎). https://cn.yna.co.kr/view/ACK20200128003900881, 2020.01.28

5 신화사. 시진핑 주석은 한국의 코로나19 사태와 관련해 문재인 대통령에게 위로 전문 보냈다(习近平就韩国发生新冠肺炎疫情向韩国总统文在寅致慰问电). http://www.xinhuanet.com/politics/leaders/2020-03/14/c_1125711947.htm, 2020.03.14

갈수록 심각해지는 상황에 중국이 제안한 중한일 외교장관 화상회의 개최에 한국 측과 일본이 적극 호응하고 동참한 가운데 중한일 3국은 코로나19 사태 극복, 해외유입 확산을 차단, 국가 경제무역의 안정 유지, 치료제 및 백신 개발 작업 강화 등에 공감대를 이뤘다.[6] 이에 따라 한중 방역협력을 포함한 정부, 기업, 조직, 과학기술 활동 등이 갈수록 심화되어, 동아시아의 국지적 방역 전개에 도움이 될 뿐 아니라 한중 간의 전략적 협력동반자 관계를 한 차원 높은 단계로 지속적으로 발전시켜 나갈 것으로 기대된다. 한국과 중국은 코로나사태 발생초기 공동방역이 동아시아 다국적 협력방역의 강점을 보여줌으로써 가장 먼저 서로에게 도움을 준 국가로서 서로 방역물자 제공, 방제경험을 공유하고, 두 정상이 상대국 최악의 상황에 맞춰 통화를 하고, 2020년 3월 13일 코로나19 공동 방제기제를 구축하는 등 구체적인 협력은 인원 이동, 입국 검역, 유학생과 교포 관리 등 실무적 차원에서 방제에 관해 구체적으로 규제하였다. 이런 공동협력 방역기제는 기타 국가에서 심도 있는 협력을 전개할 수 있도록 모범을 세웠다고 볼 수 있다(葛建华, 므쓰, 2020).

이처럼 한국과 중국의 협력방식과 각각의 방역조치 정책을 종합해 보면 협력의 전제와 특징을 종합적으로 개괄할 수 있다. 한편 한국과 중국 정부는 빠른 상황파악으로 의사결정을 신속하

---

6   주한 중국대사관. 코로나19 대응 한중일 외교장관 특별 화상회의(中日韓举行新冠肺炎问题特别外长视频会议). http://kr.china-embassy.org/chn/yhjl/t1758676.htm, 2020.03.20

고 강력하게 집행할 수 있다. 코로나19 발생 후 신속하게 행동을 나서, 국가 공중보건 응급관리 기제를 가동하고 강력한 통제조치를 취하는 등 양국 협력의 정책기반과 실천기반을 구성하였다.

다른 한편, 한중 양국은 유가사상의 영향권에 속해 있고, 개인의 이익보다 공공의 이익이 더 사람들의 마음에 깊이 새겨져 있으며, 공동협력 사상은 대다수 민중의 공감을 얻고, 정부에 대한 높은 신뢰도와 자발적 자기통제에 협조함으로써 양국 협력의 문화와 민중의 토대가 마련되었다. 포스트 코로나 시대에 들어서 새로운 국제 환경에 직면하여 한중 방역협력은 더욱 높은 차원에서 교류가 필요하며, 더 광범위한 미래를 가지고 있다는 것은 당연한 일이다.

3. 한중 방역협력: 경제 무역의 발전 및 정치 전망

중국과 한국 정부가 각각 두 달 가까이 노력한 결과 두 나라 모두 효과적으로 코로나의 대규모확산을 억제하였다. 어렵게 얻은 방역성과를 공고히 하고, 해외유입을 최소화하기 위해 중국은 입국장마다 외국인을 대상으로 집중 격리장소를 처음 설치하였다. 2020년 3월 26일 중국 외교부는 3월 28일부터 유효한 중국 비자와 체류 허가증 소지하고 입국이 허용되는 조건을 갖추더라도 해외입국자에 대한 입국제한 조치를 실시, 도착비자(port visa) 면제, 도하경유 무비자, 무비자(Visa free) 등 사증면제 정책을 잠정 중단하고, 다만 발표 후 발급 받는 비자는 지장없이 입국

2020년 5월 10일 오전 인천국제공항에서 이우종 삼성디스플레이 부사장, 이성호 외교부 경제외교조정관, 싱하이밍 주한중국대사, 엄찬왕 산업부 통상협력국장 등이 중국 텐진으로 향하는 삼성디스플레이, 삼성전기, 삼성 디스플레이 협력사 임직원들과 인사하고 있다. 이들은 5월 1일부터 시행에 들어간 기업인 신속통로(입국절차 간소화) 제도를 통해 중국에 입국한다. 출처: 연합뉴스(2020.5.10.)

가능하다고 발표하였다. 동시에 중국외교부는 필요한 경제무역, 과학기술 등의 활동을 할 경우, 경제적과 인도적 차원에서 해외 주재 중국대사관에 비자를 신청할 수 있다고 약속하였다.[7] 이는 코로나가 전 세계로 확산하는 상황에 대해 중국이 내국민을 보호하기 위해 불가피하게 취하는 조치으로 한국정부도 충분히 이해한다는 뜻을 보여주었다. 이런 배경에서 한국이 중국과 적극적

7   중국외교부. 중국 국가이민관리국 〈유효한 중국 비자, 체류 허가 외국인 입국 일시 중단에 관한 공고(国家移民管理局关于暂时停止持有效中国签证、居留许可的外国人入境的公告)〉. https://www.fmprc.gov.cn/web/wjbxw_673019/t1761858.shtml, 2020.03.26

으로 소통하고, 양측의 중요한 합의에 따라 외교부가 앞장서고 여러 부서가 참여하는 '신속통로'를 운영하게 되었다.

포스트 코로나 시대에는 한국과 중국 두 나라 간의 경제교류가 더욱 활발해지고, 지역통합 추세가 두드러지게 강화될 것이다. 한중 모두 비교적 효과적으로 코로나가 통제되고 있는 상황에서 필수적인 경제활동이 보장하기 위해서는 가급적 협의나 대화를 통해 코로나에 따른 글로벌 경기 하락을 함께 극복해야 한다는 데에 인식을 같이하였다. 2020년 4월 17일 한중 외교차관급 회의에서 기업가들의 신속통로를 개설하기로 합의해 양국 기업인들의 입국절차를 간소화하고, 단계별 교류활동에 대한 협의[8]를 계속하여 좋은 성과를 거뒀다.

2020년 5월 한국과 중국 간의 신속통로를 패스트트랙으로 격상하고, 빠른 통과 프로세스를 비즈니스, 물류, 생산 및 기술 서비스 등 보다 광범위한 분야로 확장해 포스트 코로나 시대에 다국적 협력의 선례가 되었다. 그동안 양국이 입국자를 14일간 격리했던 것과 비교하면 신속통로는 양국의 방역 수요를 모두 보장하면서 업무효율을 극대화하였다. 한중 간 신속통로가 첫 적용된 5월 10일에 급히 중국에 가는 기업인들이 톈진(天津)으로 출발하였다. 이는 전 세계에서 기업인을 위한 추가 입국 제도를 도입하는 선례가 되어 한국과 중국의 중요한 경제무역 협력을

8　연합뉴스. 〈한중 외교차관 화상회의, 기업인 신속통로 개설 합의(韓中副外长视频会议商定开辟企业家快速通道)〉. https://cn.yna.co.kr/view/ACK20200417006700881, 2020.04.17

안정시키고 국제 산업사슬의 안정화에 기여한 것이다.[9]

한중 정상은 5월 13일 밤 다시 통화를 해서 산업사슬과 공급망, 물류네트워크의 원활한 운영에서 한중 신속통로의 역할을 인정하면서 중국은 한국과 함께 코로나를 대응하는 데에 협력은 강화키로 하고, 치료제 및 백신 개발 협력, 양자 및 다국적 대응 협력을 지속적으로 추진해 나가겠다고 밝혔다.[10] 이로써 한중 간 방역협력의 새로운 시작이 되었다.

〈표 3〉 한중 기업인 '신속통로' 신청 절차

국내 초청기업이 한국 주무부처에 신청

-

한국의 주무부처는 한국 외교부에 서한을 보내, 외교부는 이에 따라
주중 한국대사관에 통보

-

한국 방문 예정 중국 측 인사, 주중 한국대사관에 비자 및 자가격리 면제서 신청

-

비자 발급에 필요한 서류 및 건강진단서 제출

-

한국 입국자는 비자 및 자가격리 면제서로 한국 입국, 코로나 검사 받기

-

자가격리자 안전보호 앱 설치 및 건강진단서 제출

자료출처 : 주한중국대사관[11]

---

9 중국 경제망. 한국인 1차 215명 '신속통로'으로 입국, 싱하이명 대사 공항 배웅(首批215名韩国人员走"快捷通道"来华, 邢海明大使机场送行)〉. http://intl. ce.cn/qqss/202005/11/t20200511_34873818.shtml, 2020.05.11

10 신화망. 〈시진핑, 문재인 대통령과 통화(习近平同韩国总统文在寅通电话)〉. http://www.xinhuanet.com/politics/leaders/2020-05/13/c_1125981575.htm, 2020.05.13

11 중국 측 인원이 한국 입국 필요한 비즈니스 · 물류 · 생산 · 기술서비스 분야

한국과 중국이 포스트 코로나 시대에 맞서 시행한 여러 강력
조치들을 보면 한중의 협력은 아주 좋은 발전전망을 가지고 있
다. 첫째, 공중보건 대응기제에 있어 한중 양국은 모두 비전통적
안보협력의 장밋빛 전망을 갖고 있고 이웃나라와의 협력 가능성
도 있다(吕耀东, 2020). 이번 코로나 사태의 경우를 보면, 한국과
중국은 이웃 국가로서 한쪽에서 큰 영향을 미치는 비전통적 안
보위기가 발생하면 다른 한쪽에서도 보전하기 어려운 경우가 많
다. 그러므로 이번 코로나사태는 한중 양국에게 모두 비전통적
안보협력의 좋은 계기가 될 수 있으며, 코로나 발생 후 양국 모
두 적극적으로 정보를 공개하고, 정부 간 연락체제도 적극 조율
하고 구축하는 등 조치를 실시하여 확산을 억제하고 좋은 성과
를 거뒀다. 비전통 안보기제 외에 한중 협력은 금융안전, 군사안
보, 식품안전, 식량안보 등 더 광범위한 분야로 확대될 가능성도
있다. 따라서 포스트 코로나 시대에 한국과 중국의 기존 협력체
제는 상시화하되 다른 분야로도 계속 확장해나가 동아시아 지역
의 공동 안보를 수호한다는 데에 아주 큰 의의가 있다.

둘째, 신흥 과학과 산업에서 한중 양국은 신기술 협력이라는
거대한 발전 공간을 갖고 있다. 코로나로 새로운 산업혁명의 기
회를 맞고 있는 가운데 한중 양국은 이런 배경 아래 모두 과학기
술의 혁신과 신흥 산업의 발전을 위해 힘쓰고 있다. 한중 양국은

에 적용한 긴급인력이 '신속통로' 신청절차(中方人员赴韩申请适用中韩重要商
务、物流、生产和技术服务急需人员往来"快捷通道"参考流程). http://kr.china-
embassy.org/chn/zgzt/FeiYan2020/t1779503.htm, 2020.05.15

바코드 인증과 백신 접종의 등록, 국인의 이동 등 정보를 기록, 나라 간 이동 시 건강상태를 검증하는 데에 활용하고, 물류 배송 분야에서는 무인 배송, 무접촉 배송 등을 진행하였으며, 이번 코로나 방역에서 신흥 IT기술이 빛을 발하였다. 이 외에 코로나백신 개발하는 과정에 새로운 바이오기술을 많이 적용하였다. 예컨대 한중 합작 AI 방역시스템이 효과적인 정보관리 및 정보교육을 실현하였다(葛建华, 므뜨, 2020). IT기술의 발전 전망이 이번 사태에서 확연히 드러났고, 바이오산업의 성장 잠재력도 매우 크다고 할 수 있다. 과학기술과 산업기반이 탄탄한 한중 양국이 5G, 사물인터넷, 인공지능, 클라우드 컴퓨팅, 블록체인 등으로 대표되는 IT산업 분야에서 제약, 백신 개발로 대표되는 바이오분야와 협력해 서로 비교우위를 발휘한다면 4차 산업혁명의 물결 속에서 나라의 신경제산업 체계 형성과 글로벌 경제 위상의 향상에 큰 도움이 될 것이다.

셋째, 한중 양국은 국정 대화와 협력에서 모두 지역통합을 위한 전략적 잠재력을 갖고 있다. 물론 지역협력도 방역하는 데에 현명한 선택이다(于洪君, 2020). 한중 간의 협력은 정부의 추진 역할이 컸고, 두 정상이 코로나 사태가 폭발하기 시작한 후 여러 차례의 통화는 후속 다층적 대화기제를 구축하는 발판을 마련하였다. 이 외에 다자간 메커니즘을 활용한 한중 협력의 촉진도 이번 사태에서 또 하나의 특징이다. 여러 차례 '코로나 대응'을 주제로 한 정상특별화상회의가 무난히 열렸고, 더 나아가 2020년 4월 15일에 '코로나19에 대한 아세안+3 특별 화상 정상회의 공동성명'을 발표해 확산 억제와 공중보건 수준 향상, 동아시아 지역 경제발전 추진에 중요한 공감대를 형성하였다.[12] 20여 년의 우여곡절을 함께 겪고, 앞으로 가는 길에서도 많은 어려움과 도전에 직면하겠지만, 한중 양국의 협력이 여전히 계속 심화됨으로써 한국과 중국의 정치적인 대화와 협력에 새로운 방향과 새로운 원동력을 가져올 것이다.

4. 한중 방역협력의 문제점 및 방향

포스트 코로나-글로벌시대에 출현한 초국적 방역협력은 국제 거버넌스의 새로운 트렌드가 되었다(马雪松, 2020). 비록 한중 간의 방역협력이 효과를 거뒀지만 여전히 문제점과 결여가 있다. 첫째, 양국 협력의 기초 전략은 서로 다른 지리적 환경과 경제사회 발전상황에 직면하고 있으며, 그 외에 양국의 협력도 다른 나라의 영향을 받기가 쉽다. 둘째, 양국의 협력에서 이익공동체가 전제조건이긴 하지만 지정학적 경쟁 등 뿌리가 깊은 전략적 난제에 직면하고 있다(李晨阳, 罗肖, 2020). 예컨대 정치적 지역 편견과 첨단기술 교류 등 문제는 여전히 해결이 필요하다. 셋째, 양국 간 방역협력은 일정기간의 실효성이 있고, 더 심각한 상황에 직

12　중국중앙정부. 〈코로나19에 대한 아세안+3 특별 화상 정상회의 공동성명 (东盟与中日韩抗击新冠肺炎疫情领导人特别会议联合声明). http://www.gov.cn/ xinwen/2020-04/15/content_5502433.htm, 2020.04.15

면할 경우 한중 양국이 신속히 협력의사와 공감대를 형성할 수 있지만, 포스트 코로나 시대로 경제사회 질서가 정상화되면서 전통적인 문제가 다시 수면 위로 떠오를 수 있다. 이처럼 이 세 가지 문제는 미래의 한중 방역협력에 장애물이 될 수 있다는 점이다.

한중 양국은 포스트 코로나 시대에 내외부로 가져온 악재를 극복하기 위해 계속 협력해야 한다. 우선 한중 양국은 다양한 양자 또는 다자적 경로를 통해 한중일 협력, 동아시아 10+1, 10+3 등 기제를 작동하여 지속적으로 대화와 협력, 공동 방제 실시, 과학기술 연구의 난관을 돌파할 수 있는 협력 강화, 정치 및 지역의 대립과 편견을 극복하며, 다른 나라의 불리한 영향을 없애고, 협력에 불리한 '인포데믹'을 제거해야 한다(葛建華, 므쯔, 2021). 둘째, 한중 간 방역협력은 더 깊이 파고 들어가 구체적 방면에서 착실하게 실행해야 한다.

예컨대 인공지능 기술과 비대면 체온 측정기 기술력 강화, 약물 및 진단키트, 백신 연구개발에 필요한 연구실 신설 등이 가속화돼야 한다. 마지막으로 바이러스 연구와 치료경험 공유 강화, 공동방제기제 및 대화기제를 구축에 더해 방역협력을 바탕으로 정치, 경제, 사회 다층적 분야에서의 협력을 추진해야 한다. 이는 동아시아의 코로나 대응이 성공하는 데에 도움이 될 뿐만 아니라 양국의 공동이익과 동아시아 역내 각국의 이익을 발전시키고, 코로나 대응과 지역발전을 포괄하는 포스트 코로나 시대의 동아시아 발전모델을 구축할 수 있다.

참고문헌

葛建华, 马兰. 2020. 中日韩合作抗疫:构建卫生健康共同体[J].东北亚学刊No.50(03):26-34.

——. 2021. 以"东亚抗疫治理模式"应对"信息疫情"法[J]. 东北亚学刊No.56(03):83-99.

马雪松. 2020. 新全球化思潮对合作抗疫的重要价值[J].人民论坛(011):22-25.

李晨阳, 罗肖. 2020. 抗疫合作助推东亚命运共同体建设[J].世界知识(7).

李家成. 2020. 韩国新冠疫情防控与中韩抗疫合作[J].当代韩国(1):46-56.

吕耀东. 2020. 从中日抗疫互助看非传统安全合作的可行性[J].东北亚学刊(3):

王俊生, 田德荣. 2020. 以抗疫合作为基础推动中日韩三国合作[J].海外投资与出口信贷(3):27-30.

于洪君. 2020. 全球抗疫背景下的国际合作与对外传播[J].公共外交季刊(001):P.4-11,118,119.

웹사이트

연합뉴스. 〈한중 외교차관 화상회의, 기업인 신속통로 개설 합의(韩中副外长视频会议商定开辟企业家快速通道)〉.

신화망. 〈시진핑, 문재인 대통령과 통화(习近平同韩国总统文在寅通电话)〉.

중국 측 인원이 한국 입국 필요한 비즈니스·물류·생산·기술서비스 분야에 적용한 긴급인력이 '패스트트랙' 신청절차(中方人员赴韩申请适用中韩重要商务、物流、生产和技术服务急需人员往来"快捷通道"参考流程).

중국중앙정부. 〈코로나19에 대한 아세안+3 특별 화상 정상회의 공동성명
(东盟与中日韩抗击新冠肺炎疫情领导人特别会议联合声明).

중국외교부. 중국 국가이민관리국 〈유효한 중국 비자, 체류 허가 외국인
입국 일시 중단에 관한 공고(国家移民管理局关于暂时停止持有效中
国签证、居留许可的外国人入境的公告)〉.

중국 경제망. 한국인 1차 215명 '신속통로'으로 입국, 싱하이밍 대사 공
항 배웅(首批215名韩国人员走"快捷通道"来华 , 邢海明大使机场送
行)〉.

남북중 재생에너지사업 협력방안

시엔춘시(지린대)

1. 들어가며: 왜 재생에너지사업인가?

북한의 핵실험과 이에 따른 유엔의 대북제재로 인한 상황에서 남·북·중의 협력을 논하기는 시기상조가 아닌가 싶지만 북핵 문제의 해결을 전제로 경제협력을 선제적으로 대비하는 것 또한 필요하다. 과거 남·북·중 사이에는 정부와 민간을 포함한 여러 가지 형태의 양자 협력 시도가 있었다. 남북 사이에는 개성공단, 금강산 관광 등 사업들이 있었지만 현재까지 진행되고 있는 사업은 없다. 한반도 정세의 불안정성으로 인하여 안정적인 산업발전 계획을 세우고 추진하기는 쉽지 않다.

남·북·중의 협력방안을 구상하려면 중국과 남북한의 현실에 입각해야 한다. 남한은 시장 주도의 경제체제로 정부는 산업정책 등을 통해 민간기업을 유도할 뿐 기업에 구체적인 지시는 하지 않는다. 하여 남·북·중 간의 협력사업을 추진하려고 할 때 민간기업이 주도적인 경우가 많다. 예를 들어 금강산 관광사업은 현대가 나서서 추진했고, 개성공단 역시 정부보다는 중소기업들이 주체가 되어 사업을 진행했다. 북한은 사회주의 경제체제이다. 북한의 경제는 관료들의 명령으로 움직이는 명령경제이다. 특히 에너지와 같은 국가 기간산업은 더더욱 정부가 컨트롤하고 있다. 중국은 '중국 특색의 사회주의'제도이다. 시장경제를 도입함과 동시에 정부의 시장 조절과 간섭이 중요한 작용을 한다.

남·북·중의 현 상황을 살펴보았을 때 북한과의 협력사업은 북한의 정권의 안정성을 전제로 한다면 정부를 상대로 하는 것이 안정성이 있다. 산업으로 보았을 때 전력산업은 정부 간 협력이 가능한 산업이 될 수 있다. 경제체제가 다르지만 남·북·중의 전력 사업은 국가가 독점한다는 공통점이 있다. 한국전력공사는 코스피에 상장된 기업이지만 중앙정부가 대부분의 지분을 소유하는 공기업이다. 북한의 경우 내각 중앙행정기관인 전력공업성이 전기 생산 및 공급, 전력에 대한 사무를 관장하고 있다.[1] 중국의 국가배전망(国家电网, State Grid Corporation of China)은 국무원 국유자산 감독관리위원회가 대주주인 국유기업이다.

미 대선 이후 바이든 정부는 기후변화협약에 재가입하고 탄소중립을 선언하는 등 국제기후대응의 리더십을 회복하려 하는 시도들을 하고 있다. 미중이 비록 전략적 경쟁 중이긴 하지만 바이든 정부는 기후 등의 문제에서는 중국과 협력이 가능한 것으로 보인다. 북한 역시 최근(2020.12.14) 외무성 홈페이지에 '외면할

---

1   전력공업성 전신은 1062년 출범한 전기석탄공업성이다. 2006년 전기석탄공업성이 폐지되고 전력공업성과 석탄공업성이 출범하였다.

수 없는 기후변화문제'라는 제목의 글을 통해 북한이 '기후변화에 관한 파리협정' 당사국임을 강조하고 있다. 특히, OECD 수출신용그룹(Export Credit Group)은 2015년 석탄화력사업에 대한 수출신용 지원을 제한하고 2017년 1월부터 발효하고 있으며, 국제부흥개발은행(IBRD), 국제개발협회(IDA), 국제금융공사(IFC), 국제투자보증기구(MIGA), 국제투자분쟁해결본부(ICSID) 등 5개 기구로 구성된 세계은행 그룹(World Bank)은 2017년 12월, 2019년부터 석유 및 천연가스 채굴과 관련된 프로젝트의 금융지원을 중단하겠다고 발표한 바 있다. 따라서 북한에 대한 개발 투자가 진행될 경우 석탄발전은 국제개발은행들의 지원을 받기 어려울 가능성이 높다.[2] 하여, 본문에서는 전력산업 특히 재생에너지산업에서의 남 · 북 · 중 협력방안을 구상해보려 한다.

에너지 협력은 국민경제는 물론 국가안보에 미치는 영향이 심대하다. 에너지원이나 전력의 경우 거래 중단 위협이나 가격 조정만으로도 전략적인 파급 효과가 엄청날 수 있기 때문에 장기적인 관점에서 접근해야 한다. 또한 협력의 주체, 의제, 범위, 방식을 결정하는 데는 경제적 고려뿐만 아니라 정치적 고려가 필수적이다(이재승 · 유정민 · 이홍구, 2016). 하지만 동시에 주변국들을 다 포함하는 개별적인 에너지 네트워크 구축은 에너지 사업의 경제적 효율성을 증대시키는 것은 물론 안보적 안정성을 강화시킬 수 있다(이현태 et al., 2019).

또한 북 · 중 송유관의 사례에서 볼 수 있다시피 에너지 산업은

---

2   김윤성, 2021, 재생에너지 기반 남북 협력모델 제안

일단 진행되고 나면 돌이키기 어려운 점에서 볼 때 한반도 지역의 안정적인 평화의 정착에 기여할 수 있다. 하여 본문에서는 남·북·중의 재생에너지 전력 현황과 정책들을 살펴보고, 국가와 정부 차원에서 진행할 수 있는 재생에너지 협력방안을 구상해보려 한다.

2. 남북중 전력현황 및 협력 현황

중국의 동북 3성은 한반도와 지리적으로 인접하고 있고, 지린성과 랴오닝성은 북한 접경선과의 거리가 1400여 킬로미터에 달한다. 동북 3성의 전력 생산량을 살펴보면 랴오닝성이 2072억 KWh에 달하며, 다음으로 헤이룽쟝성이 1111억KWh, 지린성은 946억KWh에 달한다.

이 중 2019년 기준, 화력발전 비중은 랴오닝 77%, 지린 80.3%, 헤이룽쟝이 87.8%에 달한다. 수력발전은 랴오닝이 1.9%, 지린 8.4%, 헤이룽쟝이 2%에 불과하다. 현재 전력생산량으로 보면 랴오닝성은 전력사용량은 발전량보다 328억KWh가 많아 전력여유가 없으나, 지린성과 헤이룽쟝성은 각각 166억KWh와 116억 KWh의 전력 여유가 있다.

2019년 동북 3성과 남북한 전력 생산과 소비

단위: 억KWh

	랴오닝	지린	헤이룽쟝	북한	남한
전력소비량	2401.47	780.37	995.63		
발전량	2072.94	946.38	1111.91	238	5650
전력 여유	-328.53	166.01	116.28		

자료출처: 중국국가통계국, 전력통계시스템

남한의 경우, 2019년 기준 발전량은 5,630억KWh이며, 그 중 화력 발전이 3,796억KWh로 약 2/3을 차지하며 그다음으로는 원자력 발전이 1,459억KWh로 약 26%를 차지한다. 문재인 정부는 19대 대선 때 탈원전 정책을 공약으로 내세우고 '원자력 제로'를 목표로, 신규 원전 건설계획 백지화, 노후원전 수명연장 중단, 월성 1호기 폐쇄, 신고리 5·6호기 공사 중단 등을 주장했다. 한국이 완전한 탈원전을 실현할 경우, 현재 원자력 발전량 기준 대략 1,459억KWh의 공백을 메꿀 새로운 에너지원이 필요하며, 현재 한국의 상황을 고려하면 재생에너지를 사용하는 것이 실현 가능성이 높아 보인다.

북한의 경우 총 발전량은 238억KWh이며, 화력과 수력발전으로만 구성되어 있고, 발전량은 각각 128억KWh(54%), 110KWh(46%)에 달한다. 해방 직후 북한의 발전소는 일본이 건설한 수풍, 허천강, 장진강 등 총 6개소로 설비 용량은 168.3KW이었다. 한편 한국전쟁으로 수풍, 허천강, 장진강 발전소 등 대부분의 전력설비들이 그 기능을 상실하였으며 종전(終戰) 시에는

23.6만KW만이 겨우 유지되고 있었다.

북한에서는 부족한 전력문제를 자체적으로 해결하기 위해 찻집, 컴퓨터 오락방, 노래방 및 당구장 등 상업시설을 중심으로 중국산 태양광 패널과 배터리가 큰 인기를 끌고 있는데 가정에서도 몇 년 전부터 태양광발전시설 설치가 급증하여 최근 전국적으로 약 10만 가구에 태양광 발전시설이 설치되어 있다는 정보도 있다. 북한 태양광 발전잠재력은 연 289만GWh 정도인 것으로 추정되고 있는데 이를 설비용량 기준으로 환산해 보면 1,927GW이며 이러한 규모는 북한의 전력소요량에 비해서는 막대한 것이다. 특히 석유자원을 전적으로 수입에 의존하고 있는 실정에서 소규모 발전설비에 주력하여 전원 개발에 집중하여 온 과정을 볼 때 건설기간이 상대적으로 짧은 태양광 발전설비는 많은 가능성을 내포하고 있다. 더욱이 송·배전 시설의 낙후로

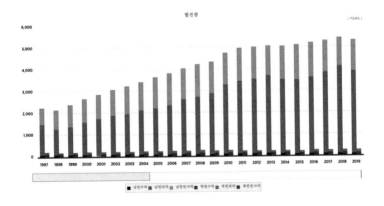

출처: 전력통계정보시스템, http://epsis.kpx.or.kr/epsisnew/selectEkesKenGgn Chart.do?menuId=010502(검색일: 2021.05.22)

인해 전력 손실률이 매우 높은 북한 전력상황을 감안하면 마이크로 그리드를 지향한 북한의 태양광 발전잠재력은 매우 클 것으로 기대된다(곽대종, 2018).

또한 장거리 송전에서 오는 손실을 줄이기 위해 북한은 각 지구의 수요와 공급의 균형이 이루어지도록 발전소를 배치하고 있다. 서부지구에는 압록강 수계의 수풍·운봉·강계청년발전소, 대동강 수계의 대동강발전소 등 수력발전소와 북창·평양 등 대규모 화력발전소가 위치해 있다. 동부지구에는 압록강지류와 두만강지류에 허천강·부전강·장진강 등 대용량 수력발전소가 위치해 있는 반면 선봉·청진 화력발전소 등 화력발전소의 규모는 비교적 작다.

3. 남북중 재생에너지 관련 정책

1) 중국 재생에너지 정책

중국의 〈14·5 계획〉의 11장은 현대화된 인프라 건설계획을 다루고 있다. 이 장 3절에 따르면, 현대화된 에너지체계를 건설하는 것을 목표로 한다. 에너지 혁명을 추진하여 안전하고 효율이 높은 저탄소 청정에너지 체계를 구축하여 에너지 공급을 보장한다. 이 중에는 비화석에너지 개발을 가속화하고 풍력발전, 태양광발전을 발전시키고, 비화석연료의 에너지 소비 총량을 전체 에너지 소비의 20% 좌우로 높인다는 내용 등이 있다. 이 외에도 스마트 전력네트워크 개조와 스마트 마이크로 전력네트워크 건설, 전력 시스템의 상호보완성과 스마트 조절 능력을 제고하며, 정청에너지의 소비와 저장능력을 제고하는 것을 목표로 하고 있다.

「14·5」 대형 청정에너지 기지 분포도

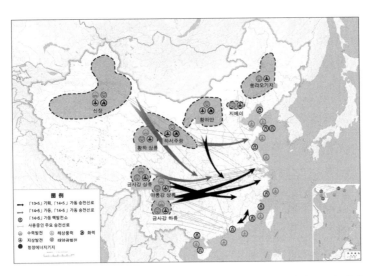

출처: 중국인민대표넷, http://www.npc.gov.cn/npc/kgfb/202103/bf13037b5d2d4a398652ed253cea8eb1.shtml, http://www.gov.cn/xinwen/2021-03/13/content_5592681.htm

이 중 현대화된 에너지 시스템 건설 프로젝트로는 대형 청정에너지 기지건설, 연해지역 원전, 전력 외부 송출 통로, 전력 시스템 조절, 석유가스 운송저장능력 향상 등 추진과제들이 있다.

그중 중국에서 계획중인 9대 대형 청정에너지 기지로는 야루

장부강 하류, 진사강 상하류, 야룽강, 황허 상류와 황허만, 허시 쩌우랑, 신장, 지베이, 쑹랴오 등 청정에너지 기지를 건설하고, 4 대 해상풍력 발전기지는 광둥, 푸젠, 저장, 장쑤, 산둥 등이 있다. 이 중 쑹랴오 청정에너지 기지는 풍력과 태양광 발전을 주로 하 고 있다.

과기일보(2021.04.30) 보도에 따르면, 길림성은 '육상산샤' 프로 젝트와 결합하여 적당한 시기에 '지뎬난쑹(吉电南送)' 프로젝트를 진행할 예정이다. 이 프로젝트에 의하면 특고압전력 송출 통로를 만들어 쑹랴오 기지에서 생산된 청정에너지를 외부로 송출할 예 정이다. 쑹랴오 기지는 지린성 서부의 평원 지대 바이청시에 위 치하여 있는바 예로부터 바람과 태양광 자원이 풍부 했다. 온대 대륙계절풍 기후의 영향으로 바이청시는 일 년 내내 풍력 자원이 풍부하고, 풍력발전 면적이 5,060km^{2}에 달한다. 현재의 기술상황 으로는 최대 발전잠재량은 1,600만KW(16,000MW)에 달한다.

13.5 계획 기간 지린성 풍력 태양광 발전용량은 451만KW에서 915만KW로 신속히 증가했다. 국가배전망 지린 전력회사(国家电 网吉林电力)는 생산에서 수송, 소비, 저장을 아우르는 "源-网-荷- 储Generation-Grid-Load-Storage" 기술 개발을 박차 화력발전의 탄력성을 제고하고 에너지 수송, 조정능력을 제고하여 신재생에 너지의 효율을 제고한다는 방침이다. 2020년 신재생에너지 발전 량은 1.6억KWh인데 이는 석탄을 4.13만 톤 절감하고, 이산화탄 소 12.84만 톤 절감한 셈이다.

2) 남한 재생에너지 정책

2019년 산업통상자원부에서 발표한 「제3차 에너지기본계획 ('19~'40)」에 따르면, 3차 계획은 1·2차 계획의 기본방향과 정합성을 유지하면서 깨끗하고 안전한 에너지로의 전환이라는 시대적 요구를 충실히 반영하였다.[3]

3차 계획은 '에너지전환을 통한 지속가능한 성장과 국민 삶의 질 제고'라는 비전 아래 5대 중점 추진과제로 구성되었다. 이 계획에 따르면, 재생에너지는 2040년 발전비중을 30~35%로 확대하고, 석탄발전은 과감히 축소하며 원전 신규건설도 추진하지 않는 방식으로 점진적으로 감축한다. 아울러 재생에너지, 수소, 효율연계 산업 등 미래 에너지산업을 육성하는 내용도 포함하고 있다.

2020년 해양수산부는 산업통상자원부 등 관계부처와 공동으로 「주민과 함께하고, 수산업과 상생하는 해상풍력 발전방안」을 발표하였다. 이에 따라 2030년 해상풍력 세계 5대 강국으로 도약한다는 목표가 제정되었으며 한전이 해상풍력 공용접송망 및 공동접속설비를 신설, 보강하기로 하였다.

---

3   산업통상자원부, http://www.motie.go.kr/motie/ne/presse/press2/bbs/bbsView.do?bbs_cd_n=81&bbs_seq_n=161753

3) 북한 재생에너지 정책

재생에너지는 자력갱생 원칙에 부합하고, 소규모로도 개발이 가능하며 열악한 송배전망 상황에서 분산형 전원으로 북한 전력난 해결에 적합하여 북한이 적극 추진하고 있다. 김정은 집권 이후 재생에너지 개발 및 보급을 강조하고 있다. 김정은 위원장은 국가경제발전의 우선과제로 재생에너지를 적극 활용할 것을 강조하였으며 김정일 시기부터 꾸준히 재생에너지 개발 및 보급 정책을 추진하고 있다

2013년 재생에네르기법을 제정하여 재생에너지의 개발 계획을 수립하고 국가 기관들의 역할을 체계화하였다. 2014년 국가과학원 산하 조직으로 자연에네르기 연구소를 신설하고 2014년 자연에네르기 중장기 개발 계획(2014~2044년)을 수립해 2044년까지 재생에너지 발전설비 용량을 500만KW로 확대할 계획이며 상업시설을 중심으로 태양광설치가 증가하고 있다. 이는 수력발전의 계절적 편차와 화력발전의 환경 오염문제, 그리고 노후화된 시설 등을 개선하기 위한 자구책으로 볼 수 있다.

북한의 풍력, 태양광 등 재생에너지 자원은 비교적 풍부한 것으로 알려져 있다. 풍력발전의 연간 경제적 잠재량은 113TWh에 달하여 남한의 94TWh보다 20%가량 더 많은 것으로 알려져 있다. 특히 서해안 지역은 해상 풍력발전도 유망하며 기타 풍력자원도 풍부하다. 태양광 발전의 경우 연간 경제적 잠재량은 1,502TWh로, 남한의 3.7배에 달하며 평균 일사량은 프랑스, 독

일 등 유럽보다 풍부하다(임춘택, 2021).

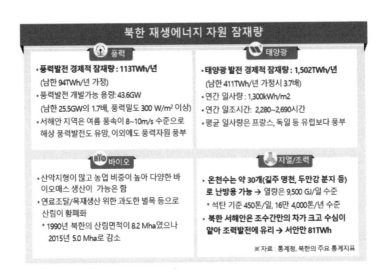

출처: 임춘택, 2021

4. 남북중 재생에너지 협력 구상[4]

　기존의 남북 에너지 협력 논의는 송전선 확대, 동북아 슈퍼그리드, 접경지역 신규 화력발전소, 북한 재생에너지 개발 등이 있다. 한국과 중국이 갖고 있는 자본과 기술에 북한의 자원과 인력을 결합하여, 남·북·중 정부차원에서 에너지 협력을 추진한다면 보다 단순히 민간기업에 의해 추진하는 것보다 훨씬 안정적

4　본문에서의 에너지 협력 구상은 삼국의 정부기관들과 전혀 논의된 바 없는 단순 저자의 구상일 뿐임을 밝혀둔다.

인 협력을 도모할 수 있을 것이다. 북한과의 협력에서 중요한 것은 안정성이다. 북한의 경우, 사회주의 경제체제하에서 모든 사업은 정부가 관장하고 있다. 특히 에너지와 같은 국가 기간산업의 경우 더더욱 정부를 배제할 수 없다.

특히 에너지 사업의 경우, 남·북·중의 공통점은 정부가 주관한다는 것이다. 중국의 경우, 동북 3성의 전력은 국무원 산하의 중국국가배전망회사가 전력의 생산과 송출, 판매를 관장하고 있고, 한국은 산업통상부 산하 시장형 공기업인 한국전력공사가 전력의 관련 사업을 관장하고 있다. 북한의 경우, 내각 중앙행정기관인 전력공업성(電力工業省)이 전기 생산 및 공급, 전력에 대한 사무를 관장한다.

현재 남·북·중 간 협력하고 있는 전력 에너지 협력사업은 없

북중 양국이 공동 운영하는 수력발전소

출처: 뉴스핌, https://www.newspim.com/news/view/20180612000465

으며, 북중간 국경지역에서는 북중 양국이 공동운영하는 수력발전소들이 있다. 이 중 대부분은 압록강에 위치해 있다. 중국과 북한은 중조수력발전발전공사를 설립하여 위의 발전소들을 공동으로 운영하고 있다.

이에 비춰 본고에서는 남·북·중이 같이 협력할 수 있는 사업으로 동북아 슈퍼그리드 프레임에서 남·북·중 전력협력과 풍력 위주로 한 재생에너지 공동개발을 고려해 볼 수 있다.[5]

1) 육상전력망 연결

동북아 국가들은 각자 오랫동안 독자적으로 전력수급 안정을 위해 노력해왔고, 국가 간의 낮은 신뢰로 인해서 가급적이면 자국의 전력안보를 주변국에 의존하지 않으려는 자세도 강하게 견지해왔다(이성규·정규재, 2018). 그럼에도 불구하고 기존의 동북아 슈퍼그리드 프레임워크 안에서 동북아 지역의 전력망 연계 논의는 30년 이상의 오랜 역사를 갖고 있다.

2017년 12월 개최된 정상회담에서는 중국 국가 에너지청과 산업통상자원부 간 부장급 협력 채널이 구축됐다. 양국은 중국과 한국의 전력망 연결을 위한 공동 연구를 강화하고 동북아 슈퍼그리드 구축을 위한 첫 걸음을 내디뎠다. 2019년 3월 중국과 한국은 한전과 중국 국가배전망(国家电网)의 공동 개발 협정 조기

---

5   이하 방안은 어느 국가의 정부부문과도 논의 된 적 없는 단순한 저자의 개인적인 의견임을 밝혀둔다.

체결을 추진하기로 합의했다.

지금까지의 한중 상호 연결 프로젝트는 두 가지 주요 계획이 있다.[6] 플랜1: 주로 육상플랜으로, 랴오닝성 잉커우-평양-서울을 잇는 3단 플렉시블 직류송전 프로젝트로, 총 길이가 500km, 전송 용량은 3000MW에 달한다. 플랜2: 주로 해상플랜으로, 총 길이 366km, 전압 레벨 ±500kV, 전송 용량 2000MW의 산둥 웨이하이-인천 직류 송전 프로젝트이다. 위의 시나리오를 통해 한국의 전력 부족이 효과적으로 완화되고 현재 중국과 한국의 전력망 간 상호 연결 부재가 해소되어 청정 에너지 사용 및 운영 효율성 향상에 도움이 될 것이다. 이 중 육상플랜은 남·북·중의 협력이 필요한 부분이다.

첫째, 쑹랴오 기지에서 생산된 풍력에너지를 육로를 통해 한반도에 수출하는 것이다. 동시에, 북한과 접경한 랴오닝성 지역의 에너지 역시 부족한 점을 고려하면, 북한에서 생산된 재생에너지를 동북아 슈퍼그리드를 이용해서 랴오닝성과 서울에 공급하는 방안을 생각해 볼 수 있다.

둘째, 랴오닝성의 부족 전력을 타 성에서 끌어오는 것이 가능한 만큼, 북한지역에서 생산된 전력을 랴오닝성에 수송하는 방안도 고민해 볼 수 있다. 구체적으로 북한에서 생산된 육상 풍력을 랴오닝성에 공급하고, 대신 지린성에서 생산된 전력을 북한의 서부 특히 라선지역에 전송하는 일종의 전력스와프 등 방안을 고려해 볼 수 있다. 이 경우, 또한 육상 풍력발전 최적지는 라

---

6   东盟能源中心及水利规划设计总院, 2019

선지구와 개마고원 등이 유망하다. 하여 중장기로는 남·북·중이 협력하여 북한의 라선지구와 개마고원, 그리고 지린성의 여유 전력을 남한에 송출하는 방안도 고려해볼 수 있다.

2) 해상풍력협력

Global Wind Report(2021)에 따르면 2020년 전 세계 해상풍력은 중국과 미국을 중심으로 93GW가 새로 설치되어 743GW에 달했으며, 중국과 미국은 가장 큰 해상풍력시장으로, 두 국가는 전 세계 시장의 마켓점유율은 76%에 달한다. 미래 10년 동안 기후변화 등의 영향으로 인해 풍력발전시장은 세 배 이상의 성장을 할 것으로 예측되며 남·북·중 협력의 기회도 존재할 것으로 보인다. 한국의 경우, 한전은 이미 43개의 한국 내 해상풍력 관련 기업들과 손잡고 해상풍력 사업에 본격적으로 나섰다.[7] 또한 한국에너지기술연구원 연구진이 현지답사 후 파악한 북한 내 해상풍력발전의 풍력발전 최적지는 장산곶 근처와 발해만인 것으로 드러났다.[8] 남·북·중이 정부출자 하에 중조전력회사와 같은 프로젝트에 특화된 전력회사를 창설하여 해상풍력단지를 조성하

---

[7] 에너지신문. 2021.04.15. "발전사업 참여 논란 한전, 해상풍력 '초대형 MOU'", https://www.energy-news.co.kr/news/articleView.html?idxno=76155

[8] 사이언스타임즈. 2019.10.11. "휴전선에 풍력 단지 조성 가능하다", https://www.sciencetimes.co.kr/news/%ED%9C%B4%EC%A0%84%EC%84%A0%EC%97%90-%ED%92%8D%EB%A0%A5-%EB%8B%A8%EC%A7%80-%EC%A1%B0%EC%84%B1-%EA%B0%80%EB%8A%A5%ED%95%98%EB%8B%A4/

고 전력을 송출 및 판매하는 것을 고려해볼 수 있다. 특히 중조 양국은 이미 중조전력회사를 공동으로 운영한 경험을 갖고 있어 이를 바탕으로 한국까지 포함된 새로운 전력회사를 새로 창립하는 것 외에도 기존의 전력회사에 한국전력이 가입하는 방안도 고려할 수 있다.

참고문헌

곽대종(2018), 「북한 에너지 · 전력 현황과 남북 태양광분야 협력방향」, 『산업경제분석』, 9, 10.

이성규 · 정규재(2018), 「동북아 슈퍼그리드 구축사업 관련 해외 사례분석과 시사점」, 『에너지경제연구원 수시연구보고서』, 1-95.

이재승 · 유정민 · 이홍구(2016), 「에너지 인프라 안보의 개념틀과 구성요소 분석 - 한국에의 적용을 중심으로」, 『국제관계연구』, 21(2), 135-170.

이현태 · 최유정 · 최재희 · 김태만 · 림금숙 · 백지운 · 최필수(2019), 「남 · 북 · 중 경제협력 방안 연구」, 『대외경제정책연구원 연구보고서』 19-02.

임춘택(2021), 「북한 에너지 인프라 현황과 실현가능한 에너지 협력방안」,

东盟能源中心及水利规划设计总院(2019), 东盟电力互联互通.

후쿠시마 문제에 맞서 남북중 협력의 계기

장옌저(지린대)

1. 들어가며

2021년 4월 13일 일본 정부는 정식으로 후쿠시마 원전의 백만 톤 이상의 처리과정을 거친 방사능 '핵폐수'를 태평양에 배출 하는 방안을 확정 했다. 10년이 지난 후 후쿠시마 핵 문제는 다시 한번 전 세계인들의 이목을 사로잡았다. 핵폐수 직접 방출은 환경, 경제와 국민들의 건강에 피해가 갈 것이며 남북중 등 주변 국가는 이에 견결히 반대했다. 일본이 핵 오염수을 직접 방출하는 문제 그리고 핵 누설 등의 문제에 대해서 남북중은 공동의 이익과 협력 계기가 존재한다.

1) 일본 후쿠시마 핵문제의 함의

2011년 후쿠시마 원전 사고가 유발한 일본 후쿠시마 핵문제는 주요하게 '핵누설', '핵 오염수 처리' 등 문제를 내포하고 있다.

(1) 오염수의 거듭된 누설로 인한 수자원 오염

2011년 3월 11일 후쿠시마 제1원자력발전소의 원자가 강진과 쓰나미의 충격으로 인해 '핵누출' 사고가 발생하여 대량의 수자원이 오염된 사고가 발생했다. 2011년 후쿠시마 핵 사고 이후 일본은 조용히 1.5톤의 '핵폐수'를 바다로 방사하였다. 2013년 6월과 8월 후쿠시마 원전의 오염수 저장장치가 파열되어 고농도의 방사성 폐수가 바다로 누출되었지만 일본정부는 사회에 제때에 공개하지 않았다. 2021년 6월 2일 후쿠시마 제1원자력발전소는 일본의 국가 식용수 기준의 76배가 넘는 방사성물질이 포함된 오염물질이 누출되는 사고가 발생했다.

(2) 핵 오염수의 독단적인 처리

도쿄전력은 심부온도를 낮추기 위해 계속해서 해수를 원자로에 주입하고 있는데, 이 원자로에서 다량의 방사능 농도가 높은 핵폐수를 발생시키고 이를 일시적으로 저수조에 비축하고 있다. 도쿄전력은 처리수를 저장하기 위해 총 저수용량이 137만 입방미터인 1,000개 이상의 저수조를 건설했지만 2022년 하반기부터 일본은 핵폐수를 저장할 곳이 없는 큰 문제에 직면하게 된다. 2021년 6월 17일 현재까지 1,265,060입방미터가 저장되어 약 92%를 차지하며 그중 ALPS 처리수는 337,100m^3, 처리 공정 용수는 832,900m^3를 차지한다. 이곳에는 매일 170톤의 폐수를 저장해야 하며, 2022년 하반기부터 일본은 핵폐수를 저장할 곳이 없어 큰 문제가 될 것으로 예상된다.

도쿄전력은 2020년 3월 일본 정부에 지하매설, 지각 주입, 수증기 형태로 대기 중 방출, 희석수 형태로 바다로 방출, 방류 등 5가지 처리 방식을 일본 정부에 제안했다. 그중 도쿄전력은 희석수를 바다로 방류하는 방안을 적극 추진하고 있다. 일본의 '아사히신문'은 이 계획이 5개 계획 중 '가장 저렴하고 빠른' 솔루션이라고 보도하고 있다. 일본 정부는 20억 엔을 들여 국제 여론을 통제하려 했고 CNN은 일본 정부와 협력해 오염된 핵폐수를 '처리수'로 바꾸는 작업을 했다. 일본 정부는 공식적으로 '처리수'라고 주장하며 '핵폐수는 매우 안전하게 처리할 수 있고 직접 마실 수도 있다'는 인식을 국제사회에 오도하려 했다. 2020년 7월 일본 경제산업성은 삼중수소 함유 처리수를 해양에 방류하는 것이 국제 관행이라고 선언하고 일본은 국제 표준 및 관련 일본 규정을 엄격히 준수하여 삼중수소 함량이 1500베크럴 미만인 처리수를 방류할 것이라고 예고했다.

2020년 10월 27일 일본 정부는 핵폐수를 태평양에 방류하는 것이 가장 합리적인 선택이라고 판단했다. 하지만 일본 정부는 여론의 압박에 못 이겨 일단 123만 톤의 핵폐수를 태평양에 방류하기로 한 결정을 유예했다. 2021년 4월 13일 일본 정부는 '도쿄전력(주) 후쿠시마 제1원자력발전소의 수처리 및 기타 처리에 관한 기본지침'을 결정하고 100만여 톤의 처리된 핵폐수를 태평양에 방출할 것을 공식적으로 확정했다. ALPS 처리과정을 거친 핵폐수를 해양으로 방류하는 동시에 국제법 및 관행을 준수하고 국민과 주변환경에 주는 방사능의 영향을 측정하여 국민과 주변환경 및 농림수산품의 안전을 확보하겠다고 선언하였다.[1]

2) 후쿠시마 원전 문제의 악영향

핵누출과 핵폐수 방류는 인류의 건강과 생태환경, 경제발전에 막대한 악영향을 미칠 것이다. 더욱이 일본이 일단 핵폐수를 바다로 직접 방류하는 선례를 세우면 앞으로 더 많은 핵폐수가 바다로 흘러들어가 그 결과는 참담할 것이다.

첫째, 가장 직접적인 영향을 미치는 것은 환경이다. 핵누출 및 핵폐수의 바다로의 직접방류는 해수를 심각하게 오염시키고 해양생태환경에 큰 잠재적 피해를 가져온다. 독일 연구소의 보고서에 따르면 핵폐수를 직접 바다로 방류하면 방사성 물질은 57일 이내에 태평양 대부분으로, 10년 후에는 전 세계 수역으로 퍼진다.

둘째, 인간의 건강에 간접적으로 영향을 미친다. 핵폐수는 해양 생물의 성장에 심각한 영향을 미치고 이러한 오염 물질은 결국 먹이 사슬을 통해 인간의 건강에 헤아릴 수 없는 해를 끼칠 것이다. 인간은 해산물을 섭취함으로써 간접적으로 해수에 포함된 다양한 방사성 동위원소를 섭취하게 되며, 오염된 수산물로 다량의 방사성 물질을 장기간 섭취하면 체내에 축적된 방사성

---

1   金赢.日本福岛核污水排海问题及其应对[J].当代世界, 2021(6):68-73.

물질이 기준치를 초과하여 전신 질환을 유발할 수 있다. 해양 방사성 오염물질의 주요 위험은 장기적 잠재성으로, 종종 다음 세대 또는 다음 몇 세대에 걸쳐 완전히 나타날 수 있으며, 이는 다음 세대의 선천적 기형을 유발하고 신생아 질병의 발병률을 증가시킬 수 있습니다.

셋째, 원자력 오염은 경제에도 큰 영향을 미칠 것이다. 예를 들어 식품업계의 경우 2017년 3월 15일 CCTV에 핵 방사능 지역의 식품 유통이 보도되어 국가가 명시적으로 금지하더라도 전자상거래나 오프라인 라벨링을 통해 피할 수 없다는 것이 드러났다. 일본의 핵오염 식품을 판매하는 것으로 의심되는 사업체는 이미 13,000여 개에 달하며 이러한 식품은 국민의 건강에 악영향을 미칠 뿐만 아니라 사회적 공황을 야기하고 제품의 반출은 경제 발전에도 영향을 미친다.

마지막으로 지역 안보 상황에 대한 영향이다. 갈수록 심각해지는 환경 문제에 일본 정부가 공해에 대해 책임을 지지 않는 태도를 보이자 한국, 러시아 등은 모두 일본 정부의 행동을 규탄했다. 이러한 국제적 영향력은 이미 불안정한 국가 간의 관계를 더욱 미묘하게 만들고 지역 안보 상황에도 영향을 미친다. 한국 언론은 스가 정권이 강제로 핵으로 오염된 물을 방출할 경우 한일 관계 개선이 더욱 어려워질 것이라는 점을 분명히 깨닫기를 바란다고 전했다. "오염된 물의 배출로 인한 건강 문제와 환경 피해로 인해 한일 관계는 돌이킬 수 없을 정도로 악화될 수 있다."

3) 후쿠시마 원전 문제에 대한 각국의 태도

일본이 국제사회의 강력한 반대에도 불구하고 주변국 및 국제사회와의 충분한 협의 없이 일방적으로 핵폐수를 직접 바다에 처분하기로 결정한 것은 유엔해양법협약 관련 규정을 위반한 것이다. 그리고 국제사회의 비난을 받았다. 일본 주변의 가까운 국가들인 중국, 한국, 북한, 러시아를 중심으로 먼저 영향을 받을 것이다. 일본 정부가 결의를 내린 후 중국, 북한, 한국, 러시아 등은 일본 정부의 의사 결정이 공개적이고 투명하며 신중해야 한다고 요구하며 엄숙한 항의와 협상을 제기했다.

(1) 중국

2020년 10월 19일 자오리젠 중국 외교부 대변인은 일본 후쿠시마 원전 사고로 인한 방사성 물질 누출이 해양 환경, 식품 안전 및 인류 건강에 심각한 영향을 미쳤다고 발언했다. 아울러 일본 정부는 자국민, 주변국, 국제사회에 대한 책임감 있는 태도를 견지하고 후쿠시마 원전의 삼중수소 함유 폐수 처리 계획이 미칠 영향을 철저히 평가하여 적극적이고 신속하게 '정보 공개'하고, 엄격하고 정확하며 개방적이고 투명하게 주변 국가와의 '전면 협의'를 바탕으로 신중한 결정을 내릴 것을 촉구했다. 2021년 4월 13일 중화인민공화국 외교부는 일본 정부의 결정을 강력히 규탄하고 핵폐수 방류 계획이 극히 무책임하다고 밝혔다. 다음 날 자오리젠은 외교부 정례 기자회견에서 일본 측은 핵폐수 처리 문제를 재검토해야 하며, 모든 당사자가 합의에 이르기 전에는 허가 없이 해양 배출을 시작해서는 안 된다고 발언했다. 4월 15일 우장하오(吳江浩) 외교부 차관보는 도리히데 주중 일본대사를 불러 일본의 결정에 대해 "국제법과 국제규범 위반 혐의를 받고 있으며 근대 문명국으로서 할 소행이 아니다"라고 엄숙히 발언했다. 같은 날 상무부 대변인 가오펑은 중국 소비자의 안전을 보장하기 위해 상황의 발전을 면밀히 관찰할 것이라고 발언했다.

(2) 한국

핵폐수 처리 문제에 대해서 한국 역시 우려를 천명했다. 2020년 10월 22일 더불어민주당 이낙연 대표는 일본이 후쿠시마 원전의 핵폐수 처리에 관한 정보를 공개할 것을 요청했다. "후쿠시마 오염수 처리에 대해 모든 정보를 투명하게 공개해야 하고 국제사회의 동의를 얻어가며 일을 진행해야 한다고 당부했다." 원희룡 제주도지사는 일본정부가 즉각 핵 오염수 방출과 관련된 모든 작업을 중단하고 타국과 핵 오염수 처리 방안을 협의할 것을 요구했다. "일본 정부가 이 요구를 거부하면 모든 당사자와 함께 일본을 기소하는 등 모든 대응책을 강구할 것"이라며 "한국 정부도 국무조정실을 중심으로 '후쿠시마 오염수 태스크포스'를 구성했다. 한국은 중국과 미주 8개국과 공동성명을 발표하여 일본의 '핵오염수를 직접 바다에 방류'하기로 한 결정에 대해 깊은 유감을 표명했다.

권세중 외교부 기후환경과학외교국장은 19일 오전 니시나가 도모후미 주한 일본대사관 경제공사를 초치해 우리 정부의 입장을 담은 구술서를 전달했다. 우리 정부는 후쿠시마 원전 오염수의 처리 결과가 양국 국민의 건강과 안전, 나아가 해양으로 연결된 국가 전체에 미치는 영향을 매우 엄중하게 인식하고 있다는 내용을 전했다. 아울러 원전 오염수의 해양 방출에 대한 보도와 국제환경단체의 주장과 관련해 사실 관계 확인과 향후 처리 계획 등에 대한 일본 정부의 공식적인 답변을 요청했다. 나아가 향후 일본 정부가 국제사회에도 후쿠시마 원전 처리 계획 등을 포함한 제반 대책을 보다 투명하고 구체적으로 설명해 줄 것도 요청했다.

 한국의 외교부에 비해 한국 언론의 반응이 더 거세졌다. '원자력사고 조기통보에 관한 협약'에 따르면 다른 국가에 영향을 줄 수 있는 사고에 대하여 당사국은 사전 통보할 의무가 있다. 해양환경에 중대한 영향을 미칠 수 있는 활동에 대해서는 당사국은 사전에 가능한 영향을 평가하고 관찰, 계산, 추정 및 분석하여야 한다. 해양환경이 오염피해를 받게 될 절박한 위험에 처했거나 이미 오염피해를 받게 된 경우는 영향을 받을 수 있는 다른 국가 및 관련 국제기구에 즉각 통보해야 한다. 이는 당사국에 대한 가장 기본적인 법적, 도덕적 요구이며 외부 세계가 해당 국가의 대응 조치와 방법이 합리적이고 필요한지 여부를 판단하는 객관적인 조건이다. '주간동아'는 일본이 해당 국가에 대한 완전한 알 권리조차 보장하지 않는다고 지적했다. 일본은 2011년 후쿠시마 원전 사고 이후 올해 4월에 한 번만 핵폐수 배출량을 공개했다. 그러나 최근 몇 년 동안 연구 기관과 환경 보호 단체는 일본 주변 해역에서 적정치를 초과한 오염 물질을 여러 번 감지했다. 일본은 산발적으로 핵폐수를 방류하고 있는 것은 아닌지, 배출량은 얼마나 되는지 투명한 정보 공개가 필요하다. 현재 핵폐수를 저장하는 데 사용되는 거의 천 개의 거대한 저장 탱크가 있지만 몇 년 안에 포화상태에 도달할 것이다. 일본은 이르면 2022년에 대규모로 '오염물질을 바다로 배출'할 수 있다.

(3) 북한

조선중앙통신은 일본 정부가 후쿠시마 핵폐수를 바다로 방류하기로 한 결정에 대해 일본 정부가 방사성 물질을 포함한 핵오염수를 바다에 방류하면 그 안에 포함된 많은 양의 유해물질이 후쿠시마 연안에서 태평양 대부분으로 확산되어 해양생태계가 파괴될 뿐만 아니라 연안지역 사람들의 건강과 생존에 심각한 위협이 될 것이라고 논평했다. 또한 바다를 건너 일본과 마주하고 있는 북한에게 이것은 북한 주민들의 안전과 관련된 중대한 문제라고 강조했다. 2021년 4월 15일 조선중앙통신은 일본이 전 세계적인 신종 코로나 전염병 세례를 받고 있는 인류에게 새로운 재앙을 가져올 것이라는 논평을 게재했다. 조선중앙통신은 또 일본의 행동은 이기적으로 인류를 위협하고 지구생태환경을 파괴하는 주동자이며 이는 희대의 조폭 본성을 다시 한 번 분명히 드러냈으며, 일본은 일본에 대한 북한의 분노를 직시하고 즉

시 해당 결정을 취소해야 한다고 전했다.

(4) 기타 주체들의 태도

첫째, 일본 국내에서도 반대가 많다. 야당과 수산업협회, 서민들은 강력히 반대했고 일본수산노총연맹은 "매우 유감스럽고 절대 용납할 수 없다"며 강력 반발했다. 기시 히로시 일본 수산협동조합연맹 회장은 10월 16일 노가미 고타로 농림수산대신과 회담을 갖고 후쿠시마 제1원자력발전소의 핵폐수를 바다로 방류하는 것에 대해 "어업에 파멸적인 영향을 끼칠 것"이라며 강한 반대를 표명했다. 지구의 벗 일본(FOE Japan)도 배출 계획에 강력히 반대했다. 2021년 1월 아사히신문이 실시한 여론조사에 따르면 일본인의 55%가 핵폐수 배출을 반대하고 일본인의 86%가 국제사회의 수용과 그에 따른 국제적 이미지에 대해 우려하고 있다. 앞서 2018년 8월 도쿄와 후쿠시마에서 열린 청문회에서도 반대 목소리가 다수를 차지했다.

둘째, 유럽과 미국은 일본을 지지하는 목소리가 많지만 일부 일본 상품에 대해 수입제한 조치를 취하고 있다. 현재 일본 정부는 후쿠시마 원전 폐수를 바다로 직접 방류하는 조치를 완강히 이행하기 위해 미국과 유럽의 지원에 의존하고 있다. 블링컨미 국무장관은 트위터를 통해 일본을 지지했고, 미 국무부는 일본 정부의 핵폐수 배출 결정을 지지하는 성명을 발표했다. 미 국무부는 일본 정부의 핵폐수 처리가 보편적인 원자력 안전 표준을 준수한다고 밝혔고 블링컨 미 국무장관은 "후쿠시마 제1원자력발전소에서 처리수 문제를 위해 노력을 기울인 일본에 감사한 다"고 말했다. 영국 정부는 이 문제에 대해 '눈을 감았'고 소수의 정치인만이 반대를 표명했다. 독일 하노버 대학의 방사선과 슈 타인하우저(Steinhauser) 교수는 일본 정부가 "냉각수를 태평양으 로 배출하는 것은 가장 확실하고 안전한 방법"이라고 발언했는 데, 이를 일본정부는 소위 중요한 "과학적 근거"로 간주하고 있 다. 서방 국가의 주류 언론은 일본의 오염 물질이 바다로 유출되 는 사건을 '선택적'으로 보도하고 피해를 무시하고 대신 '안전'에 초점을 맞췄다. 예를 들어 미국 워싱턴포스트, 가디언, 영국방송 공사(BBC) 등 언론은 후쿠시마 원전폐수 안전성에 대한 일본 정 부의 평가를 대부분 인용하고 일본 정부의 조치를 비판하지 않 았다. 영국의 가디언지는 "후쿠시마 핵폐수의 방사성 원소가 건 강에 위협이 되지 않는다"는 일본과 유럽 과학자들의 말을 인용 하기도 했다. 동시에 일부 서방 언론은 일본 정부의 후쿠시마 원 전폐수 방류에 대한 다른 나라들의 대응에 대해 더 우려하고 있 으며, 본국의 이익에서 출발해서 보도하기보다는 중국과 한국의 태도를 적극적으로 보도하고 전재한다. 한편으로 미국은 일본의 특정 농수산물에 대한 수입 금지령을 내렸다. 미국을 제외하고 대부분의 서방 국가들은 이 사건에 대해 침묵하고 있지만 국민 과 언론은 대부분 반대하고 의문을 제기하고 있다.

셋째, 국제기구와 지역국가기구의 태도가 다르다. 국제원자력 기구(IAEA)는 일본의 핵폐수 배출 계획을 분명히 지지하고 있으 며, 그로시(Grossi) 사무총장은 일본의 핵폐수 저장 및 처분 계획을 환영하고 이 계획이 기술적으로 실현 가능하고 국제 관행에 부합한다고 천명했다. 일본 정부가 핵폐수 배출 계획을 발표한 지 이틀 만에 국제원자력기구(IAEA)는 즉각 일본의 핵폐수 처분 방식이 기술적으로 실현 가능하고 관행에 부합한다고 밝혔다. 국제원자력기구는 관련 연구와 논의를 하지 않고 신속하게 위의 성명을 발표했는데, 이는 명백히 미국의 입장을 따른 것이다. 이는 국제원자력기구의 이데올로기화와 미국의 정책을 철저히 따르는 것과 관련이 크다. 그린피스는 일본이 폐수 처리 기술에 대해 너무 낙관적이며 일본 정부가 현재 공개한 정보가 폐수가 무해하다는 것을 증명하기에는 불충분하다고 발표했다. 유엔 인권 및 환경 문제에 관한 3명의 특별보고관이 발표한 공동 성명에서도 일본 정부가 폐수에 포함된 방사성 원소를 과소평가할 수 있다는 우려를 표명했다. 또한 전 세계 311개 환경단체가 일본 정부에 대해 단호한 반대를 표명하며 점점 더 많은 지역 국가 조직들이 반대와 우려를 표명하고 있다. 태평양 제도 포럼은 일본 정부에 이 계획을 재고할 것을 촉구하고 일본은 후쿠시마 핵폐수가 남태평양 비핵지대를 포함한 태평양 지역에 피해를 입히는 것을 방지하기 위해 필요한 모든 조치를 취해야 한다고 발표했다.

2. 후쿠시마 문제에 대한 실현 가능한 조치

1) 일본 관련 상품 수입규제

많은 국가가 일본 관련 제품에 대한 수입을 규제하는 '경제적 조치'를 채택했다. 중국은 후쿠시마 식품에 대한 수입 제한을 해제한 적이 없으며, 현재 일본 관련 제품에 대한 수입 금지 확대 여부를 검토하고 있다. 한국과 미국은 후쿠시마산 특정 제품에 대한 수입 제한 조치를 취했다. 2021년 5월 20일 미국 식품의약국(FDA)은 이전 관련 문서를 기반으로 '방사성오염' 이유로 수입금지령 99-33을 내렸다.[2] 신선한 우유, 버터, 생선, 육류, 가금류 및 그 제품을 포함한 다양한 지역에서 생산되는 수산물 및 약 200가지 제품이 실제로 관련된다. 한국 역시 일본 수산물 수입 금지 확대를 가속화하고 2019년과 유사한 '불매운동'을 다시 시작할 가능성이 있다. 러시아, 싱가포르, 유럽연합 등 14개 국가 및 지역은 후쿠시마 식품을 수입하기 전에 시험 증명서를 제출해야 한다.

2) 국제 해양법재판소에 일본을 제소

일본이 자신의 길을 간다면 '법적 수단'도 고려해야 한다. 한국

---

2   Import Alert 99-33[R/OL].美国卫生与公众服务部网站 , https://www.accessdata.fda.gov/cms_ia/importalert_621.html(2021-5-20).

은 국제해사재판소에 일본을 제소하겠다고 분명히 했다. 그때까지 일본의 해양오염물질 배출이 한국 어민의 이익을 해친다면, 한일관계는 영향을 받을 것이 불가피하다. 분노한 한국 어민들은 한국 정부에 해양법 협약 위반으로 국제해양법재판소에 일본을 기소할 것을 불가피하게 요구할 것이다. 정부는 2021년 4월 13일 성명을 통해 일본이 핵폐수를 바다에 방류할 것을 주장하며 일본의 광적 움직임을 막기 위해 국제 소송을 검토하고 있다고 밝혔다. 주간동아에 따르면 일본의 후쿠시마 원전사고 처리는 국제법을 심각하게 위반했다. '유엔 해양법 협약' 및 기타 국제 협약에 따르면 일본은 해양 환경을 보호하고 해양 환경의 오염을 방지, 감소 및 통제하기 위해 필요한 모든 조치를 취할 의무가 있다. '동아시아 위클리'는 핵폐수로 피해를 입을 수 있는 한국 기업과 개인이 국제법에 따라 증거를 수집하고 도쿄전력과 일본 정부를 상대로 소송을 제기할 준비가 돼 있어야 한다고 보도했다.

3. 남북중협력의 계기

일본의 이웃나라로서 남북중은 후쿠시마 문제에 관해 공동의 이익과 협력의 기회가 존재한다. 해양환경, 식품안전, 인류의 건강이 위협받는 것을 방지하기 위해서 남북중은 협력하여 '핵폐수의 직접 방류'를 보이콧해야 한다. 남북중은 핵 안전사용, 환경거버넌스 및 경제 등의 측면에서 협력을 강화해야 한다.

1) '핵폐수 직접 방류' 보이콧

남북중은 국제 해양법과 규정에 의존하여 일본의 핵폐수 배출을 방지하고 무단 배출에 대해 일본에 책임을 물어야 한다.

첫째, 남북중은 일본의 핵폐수방류에 대한 전면적인 모니터링에 협력하고 일본이 국제적 책임을 성실히 수행할 것을 촉구해야 한다. 남북중 등 일본 주변국과 태평양 섬나라 등 태평양연안 관련 국가들이 적극적으로 협의·대화와 관련 활동을 펼쳐 일본 정부를 압박하여 핵폐수를 태평양으로 직접 방류하는 것을 연기하여야 한다. 한편, '해양법협약' 등의 국제협약 및 기타 국제협약 등의 국제협약에 규정된 의무에 따라 주변국과 함께 일본에 대한 국제민원을 제기하거나, 일본정부에 보상을 요구하는 등 방법으로 일본의 핵폐수 배출 비용을 증가시키고 각 국가의 주권, 해양 생태 안보 및 지속 가능한 개발 권리를 단호하게 보호해야 한다. 또한 일본의 핵폐수 해상방류 추이를 종합적으로 모니터링하고, 일본이 유엔원자력기구 및 이해관계국의 참여 하에 핵폐수 상황에 대한 종합적이고 체계적인 감시를 실시할 것을 요구하고, 핵폐수 배출은 표준에 도달하고 모든 국가의 만장일치 동의 후에 시행하도록 해야 한다.

둘째, 남북중이 공동으로 위험방지 및 조기경보체제를 가동하고 일본의 핵폐수 해상방류 위험방지계획과 위험 모니터링을 잘 수행해야 한다. 연안 지역의 방사능을 모니터링하고 오염 지역의 일본 제품과 선박 및 인력에 대한 모니터링을 강화하고 동태적 평가를 형성하고 적시에 관련 정책을 조정해야 한다. 예를 들어 NHK는 6월 2일 후쿠시마 원자력 발전소에서 핵폐기물 용기가 다시 새는 것이 발견되었으며, 폐수 내 방사성 세슘 농도가 기준치를 76배 초과했다고 보고했다. 동시에, 일본에 '원자력사고 조기통보에 관한 협약'에 따라 수출 제품, 특히 수산물에 대한 자체 관리를 강화할 것을 요구해야 한다. 특히 수출 제품의 원자력 방사선 관련 모니터링 데이터를 적시에 통보하고, 관련 제품의 판매, 수출, 운송 등을 엄격히 금지하여야 한다.

셋째, 남북중은 국제 메커니즘을 제정하고 보완하여 일본의 핵폐수가 바다로 직접 배출되는 사건이 '깨진 유리창 효과'로 이어지는 것을 방지해야 한다. '해양운명공동체'를 지침으로 삼아 국제사회가 원자력사고 비상관리와 핵폐기물 처리에 관한 국제협약이나 법률을 제정하여 다른 나라에서 일본을 따라 핵폐기물을 바다에 직접 방출하는 전과가 되풀이되는 것을 방지하도록 해야 한다.

2) 초국가적 환경 거버넌스 협력 추진

사회적 기능으로서 거버넌스의 중요한 특징은 피해야 할 결과는 피하면서 예상된 결과를 향해 집단 행동을 이끄는 데 초점을 맞추는 것이다. 후쿠시마 원전 폐수 처리의 목표는 환경에 대한 부정적인 영향을 최소화하고 인간과 환경 간의 좋은 관계를 유지하며 효율성과 공정성의 원칙을 구현하는 것이다. 후쿠시마 원전폐수는 단일 국가의 소관을 넘어선 문제이며 그 영향은 전 세계적이므로 거버넌스도 개방적이고 협력적이어야 한다. 2019년 3월 시진핑(習近平) 국가주석은 중국-프랑스 글로벌 거버넌스 포럼 폐막식 연설에서 다음과 같이 지적했다. "우리는 광범위한 협의, 공동 기여 및 이익 공유라는 글로벌 거버넌스 개념을 견지하고, 글로벌 문제는 협의를 통해 모든 국가의 사람들이 처리한다는 것을 견지하고, 글로벌 거버넌스 규칙의 민주화를 적극적으로 추진해야 합니다. 후쿠시마 핵 문제로 인한 환경 위기에 직면해 있는 중국, 북한, 남한은 정책 커뮤니케이션을 강화하고 국경을 초월한 환경 거버넌스 협력을 강화해야 합니다."[3]

3) 중국과 한국에 대한 북한의 수산물 수출 증가

이 사건 이후 식품 안전상의 이유로 중국, 한국 등의 국가에서 일본산 농산물에 대한 수입 금지 조치를 당분간 해제하지 않을 수 있다. 2019년 일본의 중국과 한국에 대한 농산물 수출액은 약 35억 달러에 달했다. 핵폐수 배출이 후쿠시마, 도치기, 미야기, 이와테와 같은 주요 농산물 생산 지역에 미치는 영향은 필연적으로 중국과 한국의 일본 농산물 수입을 크게 줄이는 결과를 초래

---

3   张仕荣, 李鑫. 日本核泄漏引发全球治理再思考[J]. 中国应急管理, 2021(6):80-83.

할 것이다. 어업을 예로 들면, 중국과 한국은 주로 참치, 연어, 복어 등 시장의 다양한 요구를 충족시키기 위해 일본에서 어류를 수입하고 있는데 수입제한으로 인해 양국 시장은 수산물 부족이 발생할 수 있다. 한편, 북한 수역의 어업 환경과 어류 개체군은 일본과 유사하고 영해의 오염도가 낮아 일본 수산물의 대체품이 될 가능성이 있다. 그러나 북한은 어선, 냉동선, 가공기술 등의 상대적 낙후성으로 인해 근해어업 능력이 부족하고 수출 비중이 작은 것 외에는 자급자족조차 하지 못하고 있다. 중국과 한국은 북한 수산 분야에 대한 재정 및 기술 지원을 통해 북한 수산물의 우선 수출을 통해 일본에 대한 금지로 인한 시장 부족분을 메울 수 있다.

4) '원자력 사용 안전' 협력 강화

일본뿐만 아니라 남북중 역시 이러한 잠재적인 핵 안전 위험이 존재한다. 현재 원자력은 점점 더 많이 사용되고 있으며 합리적인 원자력 사용은 에너지 안보를 보장하고 에너지 구조를 조정하며 기후 변화에 대응하고 환경 보호를 촉진할 수 있다. 그러나 원자력 기술은 절대적인 안전성을 보장할 수 없으며, 특히 인공적으로 통제할 수 없는 재해가 발생하면 필연적으로 핵 누출 및 기타 방사능오염으로 이어질 것이다. 2014년 4월, 시진핑(習近平) 총서기는 처음으로 국가 전반 안보관을 제기하고 생태 안보와 핵안보를 국가 안보 시스템에 병입했다. 남북중은 핵 안전 분야에서 협력할 여지가 많다.

또한 남북중이 향후 일본 핵 문제에 대한 협력에서 실질적인 진전을 이룬다면, 남북중은 동북아 전략외교의 돌파구를 마련하고, 동북아 경제 협력 체제는 남북중의 경제 부상의 중요한 디딤돌이 될 것이다. 핵문제에 관한 남북중 협력은 3국 관계의 변혁과 발전을 위한 중요한 기회가 되어야 하며, 남북중의 협력을 동북아 경제발전의 원동력으로 변화시켜야 한다.

부산의 신북방정책과
부산-나선-훈춘 도시 협력방안

권태상(부산연구원)

1. 서론

이 글을 시작하면서 우선 언급할 문제가 있다. 현재 부산의 신북방정책과 부산-나선-훈춘 도시 협력방안은 정책추진에 어려움을 겪고 있다는 것이다. 원인은 우선 코로나19의 전 세계적 유행에 따라 관련국들과의 직접교류가 어렵다는 것이다. 다음으로 부산광역시의 새로운 리더십의 등장에 따라 정책의 우선순위가 변화했다는 것이다. 그리고 미국의 새로운 민주당 정부가 등장한 이후 미국이 '전통적인 외교정책'으로 복귀하고 인도·태평양 정책을 통한 '대(對)중국 포위 전략'(?)을 추진하고 있는 상황 역시 부산의 정책 추진에 영향을 주고 있다. 물론 지난 2018년 '하노이 노딜' 이후 북한의 강경한 태도 역시 정책 추진에 어려움을 가져오는 요인으로 봐야 할 것이다.

부산의 신북방정책과 부산-나선-훈춘 도시 협력방안이 정책 추진 과정에서 어려움을 겪는 요인을 구체적으로 분석하고 극복 방안을 제안하는 것은 연구자의 역량이 부족하기도 하고 원고를 요청한 동서대의 요청사항도 아닌 것으로 판단된다. 따라서 부산연구원의 정책연구 보고서로 제출된 부산의 신북방정책 추진 방향과 부산-나선-훈춘 도시 협력 정책을 소개하고 정리하는 것으로 갈음하고자 한다.

2. 부산시의 신북방정책

1) 추진 배경

부산시는 2017년 100대 국정과제로 제시된 문재인 정부의 '동아시아 플러스 책임공동체' 구상에 따라 동북 2성(지린성, 헤이룽장성)과 러시아 연해주(블라디보스톡, 자루비노), 북한의 나선/청진항 등을 연결하는 북방 물류루트를 개척하는 정책을 추진하였다.[1]

부산시가 연결을 추진했던 북방 물류루트는 하얼빈~쑤이펀허~포그라니치니~블라디보스톡을 거치는 '프리모리예1' 노선과 창춘~지린~훈춘~자루비노를 부산항과 연결하는 '프리모리예2' 노선이었다. 당시 하얼빈을 비롯한 헤이룽장성의 화물은 하루 1

---

[1]   허윤수·권태상, "환동해 경제권 활성화의 대동맥, 북방물류 루트 개척", 「BDI정책 포커스」 제359호, 부산연구원, 2019, p.5.

편 운행되는 정기화물 열차를 이용하여 다롄항으로 수송되었는데 하얼빈과 다롄항의 거리는 약 1,000km로 철도 수송에만 1일이 소요되었다. 하지만 화주들은 중국~러시아 간 국경 통관 지연으로 인한 문제로 다롄항을 선호하였다. 이는 창춘을 비롯한 지린성의 화물도 같은 상황이었다.

이런 상황에서 부산시는 2017년 판문점 선언과 북-미 정상회담으로 이어지는 상황에 맞춰 나선과 청진을 프리모리예 노선과 연결하여 환동해 복합물류 루트를 창출하고자 하였다.

〈그림 1〉 북방지역 물류루트

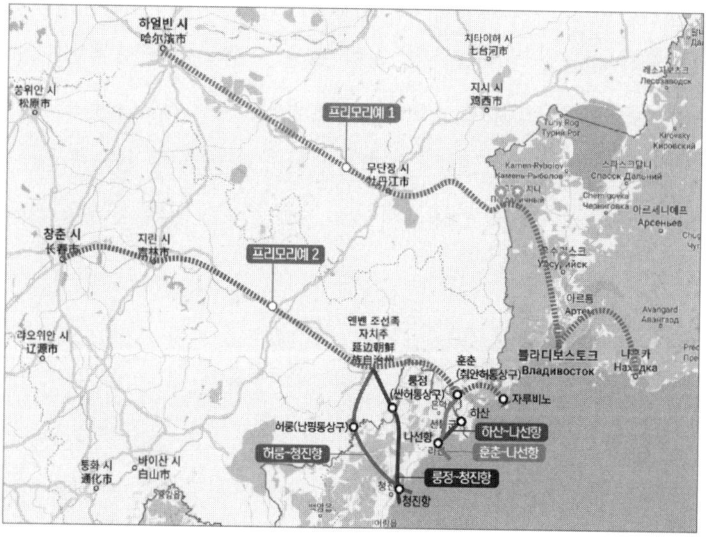

출처: 허윤수·권태상, "환동해 경제권 활성화의 대동맥, 북방물류 루트 개척", 「BDI 정책 포커스」 제359호, 부산연구원, 2019, p.11.

2) 부산시의 신북방정책 추진 상황

부산시는 남-북-중을 연결하는 북방물류 루트를 개척하고 남 북협력을 토대로 신남방지역과 신북방지역을 연계하는 '동북아 플러스 책임공동체' 구상을 실현해 가는 과정에서 중심적 역할 을 수행하고자 하였다. 이런 노력의 일환으로 이는 일대일로 전 략과 한국·일본·극동러시아·북한을 포함하여 환황해경제권 과 환동해경제권을 연결하고자 하는 중국의 One-Circle 경제권 의 동북아 골든허브 구축 전략과 연계하여 부산을 Core-Circle로 발전시키겠다는 정책이었다.

중국의 동북2성 지역과의 물류루트 개척과 더불어 신북방정책 의 일환으로 남-북-러 경협 갈탄 활용 수소생산 프로젝트를 추 진하였다.[2] 이 사업의 구체적인 내용은 북한과 러시아에 소재한 갈탄을 활용하여 '그린 수소'[3]를 생산하고 이를 부산으로 운송 하는 사업으로 현재는 대북제재와 사업 우선순위의 변화로 인해 진행이 되지 않고 있다.

---

[2] 최윤찬 외, 「남·북·러 경협수소 생산, 운송 프로젝트 부산시 추진 방안」, 부 산연구원, 2020 참조.

[3] 이산화탄소 배출에 의한 온실가스 발생이 없는 수소

〈그림 2〉 One-Circle 동북아 골든허브 구축 개념 및 Core-Circle 구상

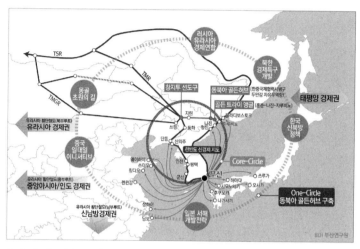

출처: 출처 : 허윤수 · 권태상, "환동해 경제권 활성화의 대동맥, 북방물류 루트 개척",
「BDI정책 포커스」 제359호, 부산연구원, 2019, p.12.

3) 남-북-중 경제협력의 필요성

(1) 중국 측의 필요성

중국 내부의 지역별 경제적 격차를 줄이기 위한 '신동북진흥전
략' 추진에 따라 지린성을 중심으로 창지투 개방 선도구 계획(창
춘-지린-투먼을 연결하는 지역 개발계획)이 추진되고 있다. 이 계획에
따르면 훈춘을 개방창구로 기능하고, 옌지, 룽징, 투먼을 개방 전
진기지, 창춘과 지린을 배후기지로 기능을 분할하여 두만강유역
개발계획(GTI)과 연계하고자 한다.

〈표 1〉 창지투 개방선도구 사업의 주요 내용

구분	주요 내용
대상지역	• 창춘 : 도시지역, 더후이시, 주타이시, 능안현 • 지린 : 도시지역, 자오허시, 융지현 • 두만강 일대: 옌볜조선족자치주 (이 지역의 총면적은 약 3만㎢, 인구는 약 770만 명으로 각각 지린성 전체의 1/3을 차지하며, GRDO는 지린성의 절반가량을 차지함

개발내용	• 중심 도시인 창춘시와 지린시를 지역발전의 배후지로 함
	  - 창지 일체화 추진
	  - 중국 내에서 경쟁력 있는 신진 제조업기지로 육성
	  - 대외 개방의 플랫폼 역할 수행
	• 연변조선적자치주에 속한 옌지, 룽징, 투먼을 개방의 전초지로 함
	  - 옌룽투 일체화 추진
	  - 가공, 물류, 관광 및 첨단기술을 중심으로 하는 산업시스템 구축
	  - 국가급 개발구 건설
	• 국경도시 훈춘을 대외 개방의 창구로 함
	  - 러시아, 일본, 한국 및 홍콩 산업단지 건설
	  - 주변국과 연결하는 인프라 건설
	  - 투자, 무역 및 인원 왕래 절차 간편화

자료: 한반도 평화번영 실현을 위한 국경 협력, 통일연구원, 2019, p.174.

창지투 개방 선도구 계획의 핵심 조건은 동해안으로 진출할 수 있는 항구를 확보하는 것인데 이를 위해 북한 나선, 청진 등 도시와 물류협력을 추진하고 있다. 현재 동북3성에서 활용하고 있는 다렌항의 경우 헤이룽장성과 지린성의 경우 1,000km 이상 떨어져 있어 비용과 운송시간에서 한계가 존재하기 때문이다.

또 다른 요인으로 중국의 경제성장에 따른 산업협력의 필요성이 있다. 남-북 경제협력이 활발하게 추진되던 2000년대 중국 훈춘지역은 남북경제협력을 중계하는 플랫폼으로 기능하였지만 2010년대 이후 남북경제협력이 중단되고 중국의 경제성장에 따라 북한과 중국은 산업분야 협력이 강화되고 있다.[4] 중국의 경제성장에 따라 중국 내 인건비와 부대비용이 상승하며 노동집약업종의 인력 수급 불균형이 심화됨에 따라 중국기업은 해외진출을 추진하였다. 북한은 중국기업의 위탁가공생산기지로 기능하게 되었으며 최근에는 단순 의류봉제분야를 넘어 신발류 가공, 가발 제작, 전자부품 조립, 수산물가공 분야로 확대되고 있다.[5]

(2) 북한의 필요성

북한은 2018년 4월 제3차 전원회의에서 핵-경제 병진노선의 완성을 선언하고 「사회주의 경제건설 총력 집중」 노선을 새로운 경제전략 노선으로 선포하였다. 그리고 북한은 미국과의 비핵화 협상을 통해 핵실험과 대륙간 탄도미사일 발사실험의 중지를 합의하고 이를 통해 대외관계 정상화를 추진하고 대외무역과 외국인투자의 활성화를 추진하였다. 이와 병행하여 2018년 3월 김정은 국무위원장은 중국 방문에서 중국의 일대일로 구상에 대한

---

4 배종렬·윤승현, 「길림성의 대북경제협력 실태 분석:대북제재를 중심으로」, 통일연구원, 2015.

5 이종운, "중국경제의 변화와 대북 노동력 활용의 특성", 「국가전략」 제23권 3호, 2017.

관심을 보이며 적극적인 협력의사를 보였다.

당시 북한은 즉시 실현이 가능한 프로젝트 추진을 위해 훈춘이 소재한 지린성과의 협력을 모색하며 조-중 접경지역에 이미 설립된 경제특구와 경제개발구를 중심으로 발전을 추진 모색하였다. 이를 위해 경제특구 및 경제개발구의 토지사용료 및 세금의 감면을 추진하기도 하였다. 북한 당국은 훈춘과 나선지역을 연계하여 국제물류, 가공업, 제조업, 고효율 농업, 관광분야 등에서 협력을 모색한 것으로 알려지고 있다.

관련하여 북한의 관심사는 「경제연구」[6] 2017년 3호 "라선경제무역지대의 투자환경조성에서 나서는 몇 가지 문제"에서 나선지역을 발전시키기 위한 방안을 제시하는 부분에서 확인할 수 있다. 북한은 "나선지역의 외국인투자에 대한 특혜를 국제관례에 맞게 지속적으로 개선하고 특혜 면의 우위성을 유지하여야 한다"고 주장하고 "외국기업의 투자 심의를 까다롭게 하거나 생산용 자재 등 물자반입을 지나치게 통제한다면 기업활동에 불리한 영향을 준다"며 이와 같은 "대북투자 유인요건을 갖춘 상황에서 노동집약적 생산단계에서 기술, 지식집약형 단계로 이행할 수 있도록 유도하여야 한다"며 적극적인 투자 유치를 준비하는 모습을 보여주고 있다.[7]

또한 북한은 나선을 장기적으로 국제 무역의 중계지로 발전시

---

6   북한의 경제분야 학술지로 북한의 경제인식에 대해 참고 할 수 있는 자료
7   정은하, "라선경제무역지대의 투자환경조성에서 나서는 몇가지 문제", 「경제연구」 176호, 2017년 제3호, pp.47-48.

키고자 하는 의도를 「경제연구」 2019년 2호 "국제적인 중계기지로서의 라선경제무역지대의 유리성"이라는 논문에서 보여준다. 북한은 나선이 "중국과 러시아와 접해 있는 지리적 위치 상의 장점을 가지고 있음"을 강조하고 또한 "중계무역을 위한 수송인프라와 개발잠재력을 가지고 있음을 강조"한다. 그리고 마지막으로 "경제적 잠재력이 크고 수송수요가 많은 러시아, 중국 동북지역을 배후지로 가지고 있음"을 강조하여 나선을 활용한 북-중 협력수요가 다수 존재함을 보여준다.[8]

소위 '핵무력 완성의 선포'를 통해 대외관계를 정상화하고 대외투자를 활성화하려던 시도는 결국 하노이에서 북-미 정상회담이 결렬되면서 실패하게 되었다. 이런 과정에 대한 북한 스스로의 대책은 지난 조선노동당 8차 당 대회에서 지난 시기 사업이 실패했음을 인정하면서 나왔다. 올해 1월에 개최된 조선노동당 8차 당 대회의 사업 총화보고는 목표 달성 실패원인을 찾는데 주력하며 '실현 가능한' 목표를 제시하는 데 주력하고 있다.

> "국가경제발전 5개년전략이 과학적인 타산(계산)과 근거에 기초하여 똑똑히 세워지지 못하였으며 과학기술이 실지(실제로) 나라의 경제사업을 견인하는 역할을 하지 못하였으며......[9]

---

8 배순별, "국제적인 중계기지로서의 라선경제무역지대의 유리성", 「경제연구」 183호, 2019년 제2호, pp.56-57.

9 "우리식 사회주의 건설을 새 승리에로 인도하는 위대한 투쟁강령 조선로동당 제8차 대회에서 하신 경애하는 김정은동지의 보고에 대하여", 노동신문 2021.1.9.

지금까지 만연되여온(만연하였던) 그릇된 사상관점과 무책임한 사업태도, 무능력을 그대로 두고서는 그리고 지금과 같은 구태의연한 사업방식을 가지고서는 언제 가도 나라의 경제를 추켜세울수(일으켜세울수) 없다......"[10]

2016년에 개최된 조선노동당 7차 당 대회에서는 자력갱생을 강조하면서도 해외 선진기술 도입, 경제개발구 투자유치 환경조성과 같은 대외경제관계의 확대 발전에 대해 언급한 것과 달리 8차 당 대회에서는 신중한 태도를 보이고 있다.[11] 하지만 북한과 중국 간의 경제협력은 대북제재에도 불구 지속적으로 추진될 것으로 전망된다. 북한의 시장화가 지속되며 중국과의 무역 의존도가 높아진 요인과 대북제재에 따라 남북경제협력이 중단됨에 따라 중국의 대북 인프라 투자의 비중이 높아진 요인과 중국 동북지역의 노동력 공동화에 대응한 인력송출사업 중심으로 협력의 방식이 변화하고 있기 때문이다.

---

10   노동신문 앞의 보고.

11   홍제환 외. p.4.

3. 부산-나선-훈춘 도시협력 정책

1) 나선의 도시 현황

2008년 북한과 러시아의 합작회사인 '라손콘트란스'를 설립하여 나선~하산 간 철도 개보수공사를 실시하였다. 개보수 공사는 2008년 10월 착공하여 2013년 9월 완공되었다. 나진~투먼 간 철도 노선은 1933년 8월, 남양-투먼 구간이 개통[12]되었는데 현재는 노후화되어, 중국은 2009년 '두만강지역합작개발전망계획' (일명 창·지·투 개발계획)을 통해 개보수 계획을 수립한 바 있다. 중국의 지린성과 훈춘시는 2015년 '경제 및 사회발전에 관한 13차 5개년 계획(13·5규획)'을 발표하면서 훈춘~나선 고속철도 개발계획을 공개하였으나 현재 대북제재 등의 상황으로 추진되지 못하고 있는 것으로 보인다.[13]

나선시에는 나진항, 선봉항, 웅상항이 있는데 나진항은 1932년 일제에 의해 자원 수탈 목적으로 개발되었으며, 현재는 북한의 개방을 상징하는 대표적인 항만으로 인식되고 있다. 나진항의 총부지 면적은 38만km^2이며 보관시설 면적은 총 203,000m^2. 철도인입선은 16km이며, 이 중 광궤노선은 11.7km인 것으로 파악

---

12 최성원, '북한의 국경 철도역 현황,' 「유라시아·북한교통물류 이슈페이퍼」, 2016-23호, p.5.

13 김영희, 앞의 논문, p.89.

되고 있다.[14] 북한은 나진항을 연간 5천만 톤의 화물을 처리할 수 있는 항구로 개발하기 위한 3단계 계획을 세웠지만 추진하지 못하고 있는 상황이며, 최근 나진항 4, 5, 6호 부두 건설권과 50년 사용권을 중국이 확보한 것으로 알려지고 있다.[15]

〈표 2〉 북한의 나진항 시설별 투자계획

구분	행정구역
기존시설 개선	· 2호 부두(5, 7호) 정비 : 컨베이어, 하역설비 · 3호 부두를 석탄전용부두화 · 여객선 계류안벽 정비 : 124m 수리 · 선박수리 도크 확충 : 2만 톤급→5만 톤급
신부두 건설	· 4호부두 : 컨테이너 전용(80만TEU), 통과능력 620만 톤/년 · 5호 부두 : 통과능력을 40만 톤/년 · 여객부두 : 여객 10만 명 통과(왕복)

자료: 서종원, '북한 라선지역 개발이 동북아 교통물류체계에 미치는 영향,' 「KDI 북한경제리뷰」, 2020년 4월호. p.93; 서종원, 북한 대외경제협력추진위원회, 『투자대상종합목록』.

나선에 소재한 또 다른 항만인 선봉항은 나선시 상현동 남쪽 선봉만에 위치해 있으며, 총부지 면적은 20만m^2로 원유입하 부두와 원유제품 출하부두로 구성되어 석유류를 전문적으로 취급

---

14 위의 논문, pp.91-92.

15 인교준, '北, 라선특구 4~6호 부두 50년 사용권 中에 넘겨', 연합뉴스, 2012.2.15.

하는 항구이다.[16] 나선에 소재한 세 번째 항만인 웅상항은 총부지 면적은 약 22만㎡으로 2만㎡의 석탄야적장과 15만㎡의 목재야적장을 보유하고 있다. 향후 웅상항의 화물통과 능력을 500만 톤까지 확대하고 1만 톤급 선박이 접안할 수 있는 목재와 석탄 등 벌크화물 전용항으로 개발할 계획을 세운 것으로 알려지고 있다.[17]

'나선경제무역지대'는 북한 최초의 경제특구로 정치경제적 의미와 상징성이 크지만 초기 개발계획의 성과는 미미한 상황이다. 북한은 제3차 7개년 계획(1987~1993) 기간 중인 1991년 12월, '정무원 결정 75호'를 통해 라진-선봉을 자유경제무역지대로 지정하고 동북아 화물중계지, 수출 가공기지, 관광 및 금융 중심지 등을 골자로 한 국토 총건설계획을 제정하였다. 2010년 1월, 최고인민회의 상임위원회 정령을 통해 나선특별시로 지정하였으며, '나선시 도시개발 계획'을 재수립하였다. 계획에서는 나선시를 중심구역과 창평지구 등 6개 구역으로 나누어 개발한다고 밝혔으나, 국제화물중개업·수출가공업·금융을 기본으로 하는 도시개발 계획은 본래의 개발 목표와 큰 차이가 없었다.[18] 김정은 위원장 집권 이후, 2015년 북한은 '나선경제무역지대 종합개발 계획'을 작성하였으며 MICE 산업, 관광 개발 등의 내용이 새롭

---

16 김영희, 앞의 논문, pp.91-92.

17 차명철, 『조선민주주의인민공화국 주요경제지대들』(평양: 외국문출판사, 2018), p.12.

18 김영희, 앞의 논문, p.99.

게 추가되었다.[19]

<표 Ⅳ-5> 나선경제무역지대 종합개발계획 주요 내용

구분	명칭	면적 (km²)	소요자금 (백만 달러)	개발내용
산업구 개발 (10조 8,000 억원)	백학공업구	22	4,499.00	경공업설비 제작업과 첨단기술공업, 철강공업, 건재공업 등
	웅상개발구	4.37	1,767.66	강재, 시멘트, 건축용 유리, 자동차용 유리, 가소제, 건축타일, 위생자기 등 건재공업과 제지, 가구, 연필, 합판 등 목재가공업
	안주국제 상업구	3	1,213.20	금융 등 서비스 산업
	구룡평 굴포개발구	2.09	845.40	• 구룡지역은 컴퓨터 조립, 통신설비, 세탁기, 냉동기, 컬러TV를 생산하는 첨단기술산업, 버섯과 채소, 축산물 가공을 위한 농축산물가공업 • 굴포지역은 유기농업, 굴포철새생태관광
	안화·동명 개발구	0.7	353.15	경공업 및 현대상업구역
	신흥 경공업구	0.54	272.43	식료품, 피복, 가구, 컴퓨터장치, 직접회로, 반도체소자 조립
	관곡공업구	1.65	254.20	원유화학
	두만강 개발구	0.15	60.67	방직, 신발, 식료품가공, 일용품공업
	나진항물류 산업구	8	-	나진항, 부두, 보조시설, 보세구역

---

19   이봉석·임은진, "북한 '나선특구 종합개발계획' 확정…"홍콩식 모델 지향"". 연합뉴스, 2015.11.18.

	신해국제 회의구	6.2	2,507.90	국제회의장, 봉사, 해수욕 관광 등
	창진동 식물원	6	1,277.00	식물원
	비파섬 생태관광구	2	89.00	바다 관광, 회의 및 전시장, 휴식, 오락, 해수욕 등
	우암해돋이 부감관광지	6	427.00	해수욕 관광
관광지 개발 (7조 3,000 억원)	웅상해양 체육관광지	2	409.00	체육인과 체육애호가들의 해양체육 활동, 해수욕 기지
	추진 휴가 및 별장촌	1	404.50	해수욕, 골프, 천렵, 강종 유희 오락, 고려치료시설 등
	해상금 관광지구	0.8	323.60	세계의 우수한 우화, 과학 환상 작품의 야외 전시
	소초도 유람선관광	2	69.00	해상관광
	사향산 등산관광지	-	64.50	등산 및 역사 체험
	갈음단 해수욕장	0.5	22.25	전용 해수욕장
총 소요자금			15,480.68(약 18조원)	

자료: 김영희, 앞의 논문, pp.100~101.

나선시는 북한이 최초로 지정한 경제특구 지역으로 외국인의 단독투자, 합영·합작 기업 설립이 가능한 것으로 알려지고 있다. 2015년 현재 나선시에는 150개의 외국기업(직접투자)와 약 30여개의 합영·합작 기업이 있는데, 중국기업이 대부분이나, 러시아, 미국, 일본, 홍콩, 호주, 이탈리아의 기업도 있는 것으로 알려지고 있다.[20]

---

20 이토 다카시·안해룡, "제3부두의 열기, 러시아의 손짓…나선경제특구를 가다", 한겨레신문, 2015.9.18.

(1) 수산업

나선시는 동해에 접해있어 오래전부터 수산업이 발달하였다. 특히 우암리로 개칭된 서수라는 한반도 최북단 어항으로 좋은 어장이 발달하여, 겨울의 어획기에는 대구, 명태 등이 많이 잡히는 것으로 유명하다.[21] 또한 나선시는 수산물 가공업이 발달하였으며, 수산사업소 등을 통한 어로와 양식도 활발하게 이뤄지고 있다. 2011년 북한과 중국이 함께 작성한 '나선경제무역지대 공동개발계획요강'에서는 수산물가공을 적극 발전시킬 것을 계획했으며, 중국 기업의 투자도 활발하게 진행되고 있다. 나선대흥무역회사, 수채봉수산사업소 등 대형 수산물 생산·가공 시설이 있으며, 나진수산사업소, 우암수산사업소, 연진수산사업소와 나진바닷가 양식사업소, 낙산바닷가 양식사업소, 낙산바다연어양어사업소 등이 있다.

외국기업의 단독 및 합영 투자에 의한 개발은 2011년 공동개발계획 작성 이후 본격적으로 시작되어 나진만 연안을 중심으로 다수의 수산물 가공회사가 들어섰다. 신흥무역회사, 교유회사, 라진은항회사, 조선라선신흥분상사, 라선태화상사, 백양무역회사 등이 있다.[22]

라선 인근 동해 해역은 명태, 대구 등 냉수성 어종이 풍부하며, 해삼, 성게, 미역과 가리비 등 조개류 양식도 활발하게 이루어지

---

21 한국민족문화백과사전, http://encykorea.aks.ac.kr(검색일: 2021.1.4.).
22 위의 논문, p.104.

고 있으며 특히 낙산바다연어양어사업소에서는 대서양연어를 양식, 생산하고 있다. 대서양 연어 양식은 김정일 위원장의 관심 하에 추진되었으며, 김정은 위원장도 각별한 관심을 가지고 있 는 분야이다.

(2) 관광

나선시는 해안 도시로 다양한 관광 자원을 보유하고 있으며, 중국과 러시아와 접해있어 외국인 관광객의 출입이 용이하다. 이 와 같은 이유로 북한은 1991년 경제특구 지정 당시부터 관광을 나선경제무역지대의 주요한 산업 분야로 주목했으며, 2000년 4 월에는 내각결정을 통해 총 6장 38조로 구성된 '라선경제무역지 대 관광규정'도 채택하였다. 2011년 북한과 중국이 함께 작성한 '나선경제무역지대 공동개발계획요강'에서는 개발목표 중 관광 의 공동개발과 발전에 중점을 두고 지역적 관광 중심으로 건설 한다고 밝히고 있다. "단기적으로 중국, 러시아의 국경교차지역 의 민속문화, 바다가 해안선, 섬 및 백사장, 숲 및 강, 호수, 인문 관광 등의 관광자원에 기초하여 다국적 관광과 두만강 출해관 광을 개발하고, 호텔, 휴양지, 관광도로 등 관광기초시설을 설치 하여 동북아국경명승관광지를 건설. 장기적으로는 일본, 남한을 포함한 해상관광코스를 개발, 세계적 관광경제권을 형성"할 것 을 계획하였다.[23]

---

23 윤승현, '북·중 접경지역 경제협력 현황과 참여방안,' 「LHI저널」, VOL.6 NO.2, 2015년 4월, p.84.

2007년의 나선을 찾은 중국 관광객의 숫자는 3만 명[24]으로 2011년 6월부터는 자가용을 이용한 중국인들의 나선 관광이 시작되었다. 최근에는 훈춘을 통한 나선 당일 여행도 성행하고 있는 것으로 알려지고 있다. 나선의 대표적인 관광자원은 비파도 일대로 사람의 발길이 거의 닿지 않은 청정 해역으로 바다 속이 비치고 수 킬로미터의 모래사장이 펼쳐져 있으며, 비파도를 앞에 두고 있는 비파도해수욕장은 비파도와 잔교로 연결되어 있다. 해수욕장 뒷산 기슭에는 홍콩 자본이 투자한 5성급 엠퍼러(영황) 오락호텔 및 카지노가 2000년에 개장하였다.[25]

나선시에는 외국 자본의 단독투자, 합영으로 건설된 여러 호텔들이 있으며, 북한의 국영 호텔도 있다. 국영기업인 봉성호텔은 2012년 해변에 착공을 시작하여 2013년에 완공되었으며, 숙박은 물론 식당, 상점, 카지노를 운영 중이고 부지면적은 약 1만여 m^2로 홍콩의 투자로 건설된 엠페러오락호텔보다 대형인 것으로 알려졌다.[26]

엠페러오락호텔은 홍콩의 엠페러 그룹이 1억 8,000만 달러를 투자하여 1998년에 건설하였고 중국인 등 주로 외국인을 대상으로 운영 중이다.[27] 나진호텔은 나진만의 동쪽 바다기슭에 위치해 있는 1급 호텔로 연건축면적 1만여 m^2의 10층 건물로 1996

---

24 KOTRA 해외시장뉴스, https://news.kotra.or.kr(검색일: 2021.1.4.).

25 윤인주 외, 『북한 동해 해양관광 활성화 방안』(부산: 한국해양수산개발원, 2018), p.42.

26 김영희, 앞의 논문, p.113.

27 한국민족문화백과사전, http://encykorea.aks.ac.kr(검색일: 2021.1.4.).

년 9월에 완공되었고 북한의 조선중앙방송(1994.8.25)에 따르면 1994년 김일성 주석이 사망하기 직전인 7월 6일 직접 지시하여 만든 호텔인 것으로 알려지고 있다.[28]

2) 부산-나선-훈춘 도시협력

나선과 중국의 동북3성, 러시아 극동지역을 아우르는 두만강 지역 개발이 진행되면 인프라 및 물류망 개발과 새로운 산업협력 수요를 발생시킬 가능성이 클 것으로 판단된다.[29] 나진항이 개발되면 남북한, 러시아, 중국, 일본, 몽골로 이어지는 새로운 동북아 경제권이 형성될 수 있으며, 몽골, 러시아의 지하자원과 에너지 자원의 거래도 촉진하게 될 것으로 예상된다. 나선은 교통물류의 중심지로 도로, 철도, 항만을 통해 대륙과 해양을 연결하는 교량 역할 수행을 위해 부산~나진 간 항로 연결로 환동해 복합물류를 구축할 수 있을 것이다.

수산업 분야에서는 수산물 가공 및 바다양식 분야 협력 시 다양한 시너지 효과 창출을 기대할 수 있다. 특히 북한 동해와 러시아 극동어장의 풍부한 수산물과 지리적 조건, 저렴한 인건비를 활용 수산물 수출 단지를 조성한다면 수산물 부가가치 제고와 수출 확대 효과 기대할 수 있다. 북한은 기술과 자재 등의 부족으로 바다양식에 본격적으로 나서지 못하고 있는 상황이므로

---

28 한국민족문화백과사전, http://encykorea.aks.ac.kr(검색일: 2021.1.4.).

29 림금숙, 앞의 책, p.51.

나선의 입지 조건을 활용한 양식 협력도 추진할 수 있을 것이다.

나선뿐만 아니라 백두산 등 북한내륙 관광과 중국, 러시아 연계 관광 협력을 추진할 수 있는데 나선-청진-칠보산-금강산-속초-부산과 중국, 러시아, 일본을 활용한 동북아 국제 관광 코스 개발도 추진할 수 있다. 나선지역 관광시설에 대한 직접 투자 및 해양관광 분야 협력사업과 이를 통한 경제적 효과도 기대할 수 있다. 나선 MICE 산업 육성을 모색할 수 있으며, 부산의 경험과 인력 전수 및 투자 가능성을 고려할 필요가 있다. 나선은 북한 최초의 경제특구로 북한 내에서는 가장 국제적인 도시이고 동해를 끼고 있는 해안도시라는 점에서 부산과 공통성이 많을뿐더러 다양한 산업 분야의 접근이 가능하다. 부산이 강점을 가지고 있는 해양, 수산, 해운, 항만, 관광, MICE, 섬유, 신발, 등 분야의 협력 사업이 가능할 것이다.

이와 더불어 최근 논의가 되고 있는 부산·울산·경남 광역연합(부울경메가시티) 논의와 관련하여 부산-나선-훈춘 도시협력의제를 광역권 협력의제로 확대하는 방안에 대한 검토가 필요해 보인다. 부울경 광역연합과 나선·청진·함흥 그리고 길림성이 협력할 수 있는 의제를 발굴한다면 남-북-중 경제협력의 효과를 더욱 높일 수 있을 것으로 판단된다.

부산-길림 민간 네트워크 구축:
남북중 민간협력을 위한 첫걸음

이홍규(동서대)

1. 동북아 발전 속의 저발전—중국 동북지역의 현황

'동북아'는 태평양을 건너온 자본주의적 근대와 유라시아 대륙에서 넘어온 사회주의적 근대가 치열하게 경쟁한 공간 중 한 곳이다. 한반도를 경계로 분단된 뒤 이른바 '냉전' 체제를 형성하며 서로 대립하며 '동북아 사람'들은 오랫동안 반목하며 살아왔다. 그러나 한편으로 동북아는 근대의 두 축인 미국식 자본주의와 소련식 사회주의 사이에서 독자적인 길을 모색한 20세기 동아시아의 실험들이 존재한 곳이기도 하다. 중국과 북한의 사회주의가 소련식 사회주의와 다른 특색의 독자노선을 추구했다면, 한국과 일본, 대만 등 이른바 '유교적 자본주의'라 일컫는 동아시아 발전모델을 구축한 바 있다.[1]

---

[1] 백지운, "'일대일로'와 제국의 지정학", 박경석 엮음, 『연동하는 동아시아를

이후 동북아는 동아시아 발전모델이 진화하고 중국식 개혁개방과 중국의 굴기가 진행되면서 세계적으로 주목도가 높아졌다. 특히 동북아 지역은 경제적 성장과 번영이 두드러지게 나타났다. 냉전 해체 이후 동북아 역내 교역과 투자 등이 급증하여 한·중·일을 비롯하여 몽골, 러시아 극동 지역을 포함하는 동북아경제권은 북미경제권, 유럽경제권과 함께 세계 3대 경제권에 해당하며 한·중·일 FTA 체결과 한반도 경제통합이 이뤄지면 향후 동북아경제권은 2040년 즈음에 세계 최대의 경제공동체가 될 것으로 예상된 바 있다.[2]

그러나 이처럼 동북아는 탈냉전 시대에 진입한 이후 세계경제의 새로운 중심으로 대두됐지만 한반도의 분단 등 동북아의 일부 지역은 냉전의 그림자가 드리워진 상태로 남아 있다. 이는 동북아 지역 자체가 여전히 분단된 상태임을 의미한다. 그 결과 세계 경제의 새로운 중심으로 부상한 동북아 지역 내에서 냉전의 영향을 받고 있는 동북아의 일부 지역은—예컨대 북한과 중국의 동북지역—은 경제적 저발전 상태로 남아 있다.

기실, 과거 대규모 중화학공업 기업들이 밀집되어 사회주의 중국의 근간을 이루던 동북지역은 연해지역을 중심으로 하는 개혁개방 정책 실시 이후 점차 경제적 쇠락의 길을 걸었다. 실제

보는 눈』(서울: 창비 2018), pp.249-250.

2   "통일되면… 동북아경제권, 47兆달러 세계 최대 경제파워"『조선일보』 2014년 1월 24일. https://www.chosun.com/site/data/html_dir/2014/01/24/2014012400303.html

2000년대 초반까지도 길림 등은 〈표 1〉에서처럼 중국의 다른 지역과의 경제적 격차가 매우 뚜렷하게 나타났다.[3] 또한 동북지역의 경제적 침체가 나타나고 효율성이 저하되어 공업생산이 지체되었으며 기업의 도산 등으로 실업률이 높아지며 노동자 해고, 파업 등의 사회적 문제들도 야기돼왔다.[4]

〈표 1〉중국 각 지역의 주요 경제지표(2003년)

지역	면적(만 km^2)	인구(만 명)	GDP(억 위안)	1인당 GDP(위안)
중국 전체	960	129,277	117,252	9,101
동북지역	79	12,955	10,627	8,203
동북지역 비중	8.23%	10.0%	9.95%	-
북부 연해지역	37	18,361	25,645	13,967
동부 연해지역	21	13,797	28,107	20,372
남부 연해지역	33	12,253	19,529	15,938

〈주1〉동부 연해지역 – 상하이(上海), 저장(浙江), 장쑤(江蘇), 남부 연해지역 – 광둥(廣東), 푸젠(福建), 하이난(海南), 북부 연해지역 – 베이징(北京), 톈진(天津), 산둥(山東), 허베이(河北). 자료원: 중국통계연감 2004년

그래서 중국 당국은 동북지역 개발을 통해 이러한 경제사회적 문제들을 해결하는 데 초점을 맞추는 '동북진흥' 정책을 2000년

---

3   동북지역은 연해지역들보다 면적이 두 배 이상이나 되지만 GDP는 오히려 연해지역들의 1/2 전후 수준이었고 동북지역의 1인당 GDP 역시 중국 평균에도 미치지 못할 뿐만 아니라 연해지역의 1인당 GDP와는 큰 격차를 보였다.

4   이러한 현상들을 당시 '동북현상(东北现象)'이라고 불렀다. "东北现象体制转换成本巨大"『北京青年报』 2003年 9月 11日. https://business.sohu.com/03/21/article213072103.shtml

대 초반부터 지속적으로 추진했다. 이는 동북지역을 발전 수준
이 높은 경제성장 지역으로 만들겠다는 국가적 계획으로 동북지
역을 설비제조, 신소재 및 에너지, 식량 및 농목축업을 핵심 산업
으로 삼고 연구개발 및 혁신기지, 생태안보 기지로 발전시키겠다
는 것이었다. 특히 2010년대 들어 중국 당국의 동북진흥 계획에
서 주목되는 점은 중국 당국이 동북지역을 동북아 개방을 지향
한 핵심허브로 건설한다는 목표를 명확히 하면서 동북지역을 동
북아 경제협력의 핵심 지역으로 강조했다는 점이었다.[5]

　이러한 동북진흥 전략으로 동북지역 경제는 빠르게 성장해 투
자규모도 확대되고 중국전체에서 차지하는 경제 비중도 다소 상
승했고 대규모 실업을 막고 사회 안정에도 일정하게 기여했다고
평가된다. 하지만 여전히 산업구조나 기업구조의 측면에서는 동
북지역은 아직 시장경제에 완전히 적응하지 못했다는 냉정한 평
가가 주류이다. 대형 국유기업 중심 체제가 너무 강하고 민간 중

5　2003년 10월 중국 공산당과 중앙정부는 '중국 공산당 중앙과 국무원의 동
북 지역 옛 공업기지 진흥 전략 실시에 관한 약간의 의견(中共中央, 國務院關于實
施東北地區等老工業基地振興戰略的若干意見)'을 발표하여 처음으로 동북 진흥의
구체적인 방침을 제시했다. 2007년 8월에는 그간 사업에 대한 평가를 기초로 동
북지역 경제부흥의 미래 청사진을 밝힌 《동북지역진흥규획(東北地區振興規劃)》
을 국무원이 발표하여 동북 지역의 산업계획 목표가 설비제조, 신소재 및 에너지,
식량 및 농목축업 생산기지 그리고 연구개발 및 혁신기지, 생태안보 기지 구축임
을 명확히 한다. 또한 2009년 9월에는 〈동북지역 노공업기지 진흥전략의 진일보
실시를 위한 약간 의견〉을 발표하여 기존의 동북진흥 전략이 제대로 이루어지지
않았음을 반성하고 2010년대에 동북진흥전략을 대대적으로 추진할 것을 발표했
다. 이에 따라 2012년 3월 21일에는 국무원에서 〈동북진흥 12차 5개년 규획〉을
발표했는데 그 구체적 목표는 2007년 제정된 '동북진흥규획'의 산업 구축 목표를
다시 강조하였다.

소기업이 발달되지 않았으며 지방정부의 행정능력도 떨어진다는 것이다.[6] 또한 여전히 동북지역이 계획경제의 관성에서 벗어나 있지 못하고 국유기업 중심의 사유 방식이 지배하여 이로 인해 관료주의와 부패 문제도 심각하게 나타나고 있다고 평가된다.[7]

이러한 연유로 2016년에 중국 당국이 제시한 〈동북진흥 13차 5개년 규획〉을 보면 그 강조점이 국유기업의 혼합소유제 개혁 등 국유기업의 시장화 수준을 높여 국유부문의 시장 경쟁력을 제고하는데 초점이 맞춰져 있었다.[8] 기실, 동북지역의 경제적 저발전은 중국 중앙정부의 정책적 지원이 연해지역에 집중된 이유도 있지만 동북지역 내부 스스로 시장화 개혁을 미뤄온 것도 그 중요한 배경이 되었다. 특히 동북지역은 과거 사회주의계획경제 하에서 핵심 중공업 기지 역할을 하였던 탓에 국유기업 비중이 다른 지역에 비해 매우 커서 개혁개방 이후 시장경제체제에서 국유기업 중심의 동북지역 산업체제는 그 비효율성이 더욱 크게 드러났기 때문이다. 그러나 동북진흥 계획 수립 시점부터 동북 경제의 저발전의 원인이 바로 국유기업의 시장화 개혁 지체 때문이란 점을 중국 당국도 잘 알고 있었지만[9] 동북지역 국유기업은 기

---

6 "新华网评：如何认识和破解"新东北现象"？"『新华网』2017年1月24日. http://www.xinhuanet.com/2017-01/24/c_1120368315.htm

7 "东北经济缘何"断崖下滑"？专家：官僚主义和腐败较多"『新京报』2017年9月7日. https://news.qq.com/a/20170907/001282.htm

8 〈동북진흥 13차 규획〉의 핵심은 혼합소유제 개혁을 통해 동북지역 국유기업의 경쟁력을 높이고 국유경제에 활력을 불어넣는 것이었다.

9 "第三届国有经济论坛：深化国有企业改革, 振兴东北老工业基地(2003年12月)"『吉林大学中国国有经济研究中心网站』. http://ccpser.jlu.edu.cn/xshysee.

업인 동시에 앞서 동북지역의 고용과 복지 등 사회적 책임을 수행하는(企業辦社會) 전형적인 단위(單位) 체제의 성격을 갖고 있었기에 국유기업의 비효율을 방치할 수밖에 없었다.

따라서 이러한 문제를 해결하기 위해서는 민간기업의 발전이 이뤄져 국유기업이 시장 압력을 받는 동시에 민간기업이 동북지역의 고용을 분담하여 책임지는 등 동북지역 경제의 주축이 되어야 한다. 그러나 국유기업 중심의 경제구조에서는 여러 제도적 환경이 민영기업의 발전에 불리할 뿐만 아니라 외부적 환경 즉 외자기업의 투자가 활성화되기 어려운 국제정치적 환경 역시 민영기업의 발전에 불리하게 작용하였다.[10] 더욱이 시진핑 시대에 들어 제시된 개혁 방안인 국유기업의 혼합소유제 개혁은 국유기업의 민영화를 의미하는 것이 아니라 국유기업 체제를 유지하되 민간지분을 부분적으로 받아들이는 방식이다.[11] 이러한 혼합소유제 개혁 방식은 중국의 사회주의시장경제를 고도화할 수 있는 방안이나 민간부문이 국유기업 혼합소유제 개혁에 자발적으로 적극 참여하지 않을 경우 결국 행정 권력이 민간부문에 국유기업의 혼합소유제 개혁 참여를 강권하는 과정에서 오히려 비효율성이 증가하거나 부패가 발생하는 등 또 다른 문제들을 낳을 수 있다. 즉, 동북에서 혼합소유제 개혁을 통해 국유기업에 민간 자

---

php?id=20#ztyj

10   李政, 于慧, "东北地区民营企业成长环境及其自身面临的主要问题"『MBAlib網』. http://doc.mbalib.com/view/f7cea4b48e700140feea7bd96d84e932.html

11   이홍규, "중국의 국유기업 개혁, 민영화가 대세인가? - 역사적 경로의존성을 통한 전망",『중국학연구』, 66권(2013), pp.177-207.

본이 투입되더라도 정부의 개입이 지속되면 완전한 효율성 추구는 어려울 것이다.

민간기업의 투자가 활성화되지 않은 현 상태에서 동북 지역 경제 활성화를 위해서는 중국 정부의 인프라 투자 수요 창출이 마지막 보루이다. 예컨대 시진핑 시대에 제시된 '일대일로(一帶一路, One Belt, One Road)' 전략구상 내에 중국의 동북지역 개발과 관련된 '중-몽-러' 경제회랑 건설이 포함됐는데[12] 이러한 구상은 중국의 '동북진흥' 전략에 더해 동북지역에 대한 중국 중앙정부의 인프라 투자 필요성이 더욱 높아졌음을 의미했다.[13]

2. 동북지역 개발에서 정부 중심 한중협력의 한계와 새로운 모색의 필요성

중국의 시진핑 국가주석이 일대일로 전략구상을 제시한 것은 2013년 9월 카자흐스탄을 방문한 자리에서였다. 이후 중국 정부

---

[12] '일대일로' 전략 구상은 '유럽-아시아', '중국-몽골-러시아', '중국-중앙아시아-서아시아', '중국-중남 반도', '중국-파키스탄', '방글라데시-중국-인도-미얀마' 등 6대 경제 협력 회랑을 만든다는 계획이다. "推动共建丝绸之路经济带和21世纪海上丝绸之路的愿景与行动（全文）" 『人民网』 2015年3月28日. http://politics.people.com.cn/n/2015/0328/c1001-26764639.html

[13] 일대일로의 중-몽-러 경제회랑은 육상으로 연결된 국제적인 통로를 바탕으로 여기에 연접한 도시를 중심에 두며 경제무역 클러스터를 협력의 플랫폼으로 삼아 중국 동북지역과 몽골, 러시아 등을 연결하는 교통물류 인프라 개발 프로젝트이다.

는 관련 정책들을 지속적으로 추진하면서 중국을 중심으로 아시아와 유럽에 이르는 권역을 하나의 초광역경제권으로 묶고자 하는 시도를 지속해왔다. 하지만 중국의 일대일로 구상 자체에 대해서 한국에서는 한반도 지역이 그 포함 범위에서 제외되었다는 인식이 많았다.[14] 실제로 중국의 일대일로 구상에서 한반도와 관련된 구체적인 언급은 찾아볼 수 없다.

한국의 문재인 정부도 '동북아플러스 책임공동체 구상'을 내놓으면서 그 핵심 축 가운데 하나로 '신북방정책'을 제시했는데 이는 중국 동북지역과 러시아, 몽골, 중앙아시아 등 여타의 유라시아 대륙과의 연계성 강화를 핵심 목표로 삼았다. 이러한 한국의 신북방정책에 대해서도 사실 중국 전문가들의 비판이 있어왔다. 한국의 신북방정책이 사실상 차이나패싱(China passing) 전략이 아니냐는 의심이다. 물론, 한국 문재인 정부의 신북방정책의 대상 지역에 중국 동북지역이 포함되어 있지만 사실상 신북방정책은 러시아, 몽골, 중앙아시아 등 그동안 한국 외교에서 소홀히 다루어졌던 유라시아 북방지역에 초점이 맞춰져 있던 게 사실이다.

그러나 한국의 신북방정책이든 중국의 일대일로 구상이든 중국 동북지역 그리고 한반도를 서로 제외하는 접근방식으로는 그 성공은 근본적으로 불가능하다. 한국의 신북방정책에서 중국 동북지역을 제외하는 도너츠형 접근방식으로는 한반도의 경제적

---

14 김흥규, "중국 일대일로(一帶一路) 전략과 동북아 국제관계의 변화: 한계점과 전망", 『중소연구』, 40권 3호(2016), p.35; 최영진, "동북아 접경지역의 경제기술개발구, 소지역협력 그리고 일대일로: 환황해권과 환동해권 비교", 『세계지역연구논총』, 34권 3호(2016), p102.

번영은 어렵다는 것이 지경학적인 상식이다. 중국의 일대일로 구상 역시 한반도를 제외한다면 중-몽-러 경제회랑 지역의 경제적 성취 역시 제한적일 것이다. 중-몽-러 경제회랑이 한반도와 연계된다면 중국 동북지역과 한반도 지역 모두에게 새로운 성장동력을 제공하는 효과를 낳을 것이다. 결국, 한국의 신북방정책과 중국의 일대일로 구상을 접목시키려는 공감대를 확산시켜 한반도와 중국 동북지역을 연계하는 한중협력을 강화하는 것이 절대적으로 필요하다.

그래서 한국 정부와 중국 정부는 나름대로 동북지역을 접점으로 일대일로 구상과 신북방정책을 연계하려는 노력을 해오기도 했다. 박근혜 정부 시기부터 한국 정부는 2015년부터 추진하던 '유라시아 이니셔티브'를 일대일로 구상과 접목하는 공감대를 형성하여 중국의 동북지역을 중심으로 양국이 협력을 강화하자는 의견을 중국 정부와 적극적으로 교환했다.[15] 그러나 한국에서 사드 배치 이후 한중관계가 급격히 악화되면서 동북지역을 접점으로 하는 양국 정부의 협력 노력은 사실상 중단되었다. 한국에서 문재인 정부가 들어선 이후인 2018년 2월 양국 정부는 한국의 신북방정책과 중국의 일대일로 구상의 실질적인 연계를 동북3성에서 실현하자는 데 합의하였다. 이후 한국의 북방경제협력위원회와 중국의 발전개혁위원회 동북진흥사가 주관 기관으로서 동

---

15 "제14차 한중 경제장관회의". http://www.moef.go.kr/nw/nes/detailNesDtaView.do;jsessionid= LQfz1n4IczPo1Mcw3t61ZrEK.node30?searchBbsId1=MOSFBBS_000000000028&searchNttId1=MOSF_000000000003866&menuNo=4010100

북지역을 중심으로 한중경제협력 플랫폼을 조성하기 위한 실질적인 정책협의 노력을 계속해오고 있다. 그러나 중국 동북3성과 한국의 경제여건 및 국제정세가 악화된 탓이 크지만 이러한 한중 양국 정부의 정책협의가 실질적인 경제협력 성과 단계로 진전된 것은 아니다.[16]

문제는 국가이익의 극대화를 추구하는 정부 차원의 협력 방식만으로는 한계가 있을 것이라는 점이다. 과거에도 중국 동북지역과 한반도는 동북아의 지정학적 요충지로서 일본, 중국, 러시아(소련), 미국 그리고 한국의 정치적, 경제적 이해가 상호 교차하고 충돌해서 결국 청일전쟁, 러일전쟁, 중일전쟁, 태평양전쟁이 벌어졌던 복잡한 국제 분쟁 지역으로 아시아의 발칸이라고 할 정도였다. 동북아 국제사회에서 다른 국가보다 더 많은 이익을 추구하는 국가이익의 경쟁 상태는 오늘날에도 크게 달라지지 않았다. 중국 동북지역과 한반도를 둘러싼 동북아 각국의 이익충돌과 대립은 여전하다. 미소 냉전의 해체에도 불구하고 한반도 등을 둘러싼 강대국 간 대립 구도도 기본적으로 변화하지 않았는데 특히 중국이 세계 패권국 미국에 도전하는 초강대국으로 부상하면서 동북아는 미-중 패권경쟁 하에서 안보상의 대립 구도와 경제적인 협력 관계가 중첩되는 복잡한 이익충돌 관계가 형성되어 있다.

따라서 중국 동북지역과 한반도가 연계되는 동북아협력이 동

---

16 이현태 · 김준영, "한국과 중국 동북지역의 경제협력: 현황, 정책, 시사점", 『만주연구』 29집(2020), p.99, pp.112-114.

북아의 국제정세 즉 국가 간 힘의 관계에 의해 좌우되고 있다는 측면에서 중국 동북지역과 한반도를 중심으로 하는 동북아협력은 관련 각국에게 모두 이익이 될 뿐만 아니라 각국이 타협을 통해 이러한 이익균형 상태를 수용할 때만 가능할 것이다. 그러나 미-중 사이의 글로벌 패권경쟁이 동북아에 투사되고 동북아 역내 영향력 확대를 둘러싸고 중-일, 한-일 사이의 경쟁도 여전히 치열하게 전개되고 있다. 북한 핵문제, 영토문제, 역사문제, 경제문제, 체제이념 문제 등 다양한 갈등 요인이 동북아 국가 사이에 존재하고 있는 상황에서 중국 동북지역과 한반도를 중심으로 하는 동북아협력에 동북아 각국이 모두 적극 나서기는 쉽지 않은 상태이다.

현재로서는 중국 동북지역과 한반도를 연계하는 동북아협력에 가장 적극적일 국가는 한국과 중국이겠지만, 한국 정부는 동북아협력보다 한-미 안보동맹, 한-미-일 안보협력을 내세우는 미국의 개입을 거부할 수 없고, 중국정부 역시 북-미관계 개선과 체제보장을 요구하며 동북아협력의 빗장을 잠근 북한의 입장을 무시할 수 없는 상황이다. 따라서 한국과 중국의 정부 협력만으로는 중국 동북지역과 한반도를 연계하는 동북아협력 모델을 빠르게 만들어내기는 쉽지 않다.

그렇다면 만약 동북지역에 대한 투자와 경제협력을 제약하던 국제적 환경이 좋아지면 어떻게 될까? 즉, 코로나19 팬데믹이 진정되고 남북한 사이에 그리고 북미 사이의 접촉이 재개되어 북한 비핵화 평화프로세스가 다시 진척된다면, 그래서 종국적으로 북한의 비핵화로 한반도에 평화체제가 구축되어 동북아의 냉전체제가 해체된다면 어떻게 될까? 아마 그동안 냉전체제의 영향으로 저발전에 머물러 있던 북한과 중국 동북지역 등에는 대대적인 경제개발이 급속하게 이뤄질 가능성이 매우 높다. 그렇다면 향후 동북지역 등에 대한 이러한 급속한 경제개발에는 문제가 없을까?

물론, 중국 동북 지역을 시작으로 북한, 몽골 그리고 러시아 극동지역 등 동북아의 주변부에 대한 동북아 각국과 기업들의 투자는 동북아의 경제적 번영과 균형 발전을 위해 필수적이다. 향후 중국 동북 지역에 대해서는 동북아 각국과 해외 기업들의 투자가 우선적으로 집중될 것인데 이는 동북 지역의 지역개발과 산업화를 가속화시키는 요인이 될 것이다. 문제는 동북지역 등 동북아의 주변부에서 투자와 경제협력이 집중되어 지역개발과 산업화가 폭발적으로 발생하는 과정에서 여러 가지 위기들이 발생할 가능성이 있다는 점이다. 예컨대 물가상승 등 경제문제 그리고 환경 문제나 노동 문제 등 주민공동체의 삶을 훼손할 수 있는 위기들이 발생할 수 있다.

중국에서는 지방정부가 오히려 이러한 문제들의 발생을 조장하는 경우가 많다. 국유지의 개발 과정에서 부동산 가격 상승을 통한 지방재정 확보가 가능하기 때문에 지방정부는 지역개발에 적극 나서기 때문이다. 물론 이러한 지역개발 과정은 부동산 가격을 급격히 상승시킨다. 또한 이러한 지역개발은 대개 국유지의 사용권을 개발업자에게 넘기는 것이기 때문에 환경을 파괴하는 난개발로 이어지곤 한다. 중국 동북지역은 또한 국유기업 중심의 단위(單位)제도의 전통이 사회적으로 남아 있는 상황에서 향후 대대적으로 산업화가 추진된다면 국유기업에 대한 구조조정은 필연적이다. 그렇다면 이러한 국유기업 구조조정 과정은 대량 실업을 야기할 수 있고 노동자의 저항 등 노동문제가 대거 발생할 가능성이 높다.

한편, 한국정부는 국제정세가 개선되어 중국 동북지역의 투자환경이 좋아진다면 한국 기업들의 중국 동북지역 투자를 적극적으로 권장할 것이다. 상술했듯이 이미 한국 정부는 신북방정책을 통해 중국 동북지역과의 경제협력을 위한 실질적인 정책 협의를 중국 정부와 추진해왔다. 그러나 한국 정부가 내세우는 동북지역과의 교류협력 추진 방안의 내용을 보더라도 한국 정부는 중국 동북 지역을 평화와 번영의 동북아 경제공동체 실현의 선도 거점으로 만들겠다는 비전을 갖고 있다. 또한 한국 정부는 동북지역과 교류협력에서 한국기업 주도를 강조하며 한국 정부는 한국 기업을 적극 지원하는 전략을 추진한다는 입장이다. 종합적으로 보면 한국 정부의 동북 지역 접근 역시 경제적 그리고 안보적 국가이익을 얻기 위해 자국 기업을 지원한다는 기능주의의 시각이다. 따라서 이처럼 한국 정부가 국익 우선주의에 입각해서 중국 동북 지역에 대한 한국 기업들의 투자와 경제협력을 지원하는 기능적 입장에 머무른다면 한국 기업들의 투자 경제활동이 이 지역의 주민공동체의 삶을 고려하는 활동이 될 지는 미지수이다.

향후 중국 동북 지역 등 동북아의 주변부를 둘러싼 동북아 협력은 이제 새로운 틀을 준비해야 한다. 이러한 차원에서 본고는 동북아 협력을 국가 단위로 접근하지 말고 도시(지역) 네트워크를 주민공동체 단위로 접근할 필요가 있음을 제시하고자 한다. 즉, 동북아의 국민국가가 아닌 지방 혹은 도시의 주민공동 주체가 되어 도시(지역) 간 초국경 민간 네트워크를 구축해서 특정 국가 및 기업이 주도하는 일방적 이익 중심의 경제협력이 아닌 주민공동체의 삶의 질을 높이는 경제협력과 상호연대 구조를 만들어나가자는 것이다.

이러한 차원에서 본고는 한중 도시(지역) 민간 네트워크의 구축을 제시하고 그 시작으로 부산-길림 민간 네트워크 구축을 예시로 제안하고자 한다. 부산-길림 민간 네트워크 구축을 통해 후 남-북-중 경제협력 등 동북아 경제협력의 새로운 모델을 만들자는 것이다. 아래에서는 이러한 취지 아래 부산-길림 시민 네트워크 구축 방안을 통한 새로운 경로의 한중 협력 모델을 제시하고 이를 기반으로 남북중 민간협력으로 확대해 나갈 수 있는 로드맵을 제시해보고자 한다.

3. 부산-길림 민간 네트워크 구축을 통한 한중협력

1) 동북아 '핵심현장'으로서의 길림(吉林)

동북아 지역은 탈냉전의 시대에도 일부 지역에서 냉전형 분단구조가 유지되고 있고 중국의 굴기 이후 미중 패권경쟁이 시작되면서 이러한 분단구조가 고착될 위험에 처해 있다. 이러한 분단구조는 동아시아 지역의 내부적 불균형 상태를 지속, 심화시킨다. 동북아 역내에서 일찍부터 미국 패권의 보호를 받거나 미국과 화해하며 시장경제를 발전시켜 경제협력을 선도적으로 추진한 일본, 남한 그리고 중국 연해지역은 경제적 부가 증진되어 동북아의 중심부가 되었다. 반면 동북아의 냉전구조로 인해 지정학적 영향을 받아 경제적 저발전 상태에 놓인 중국 동북지역, 러시아 극동지역, 그리고 미국과의 대결 구도에서 시장화 개혁과 경제협력을 거부해온 북한 등은 동북아의 주변부로 머물러 있게 되었다. 이로 인해 동북아의 주변부 지역들은 경제적 잠재력에도 불구하고 경제적 저발전과 사회적 위기들이 나타나고 있다.

이러한 측면에서 우선 중요한 것은 동아시아협력에서 새로운 시좌(perspective)를 갖는 것이다. 본고는 이러한 차원에서 '동아시아 핵심현장'을 실천 과제로 인식하는 '실천과제로서의 동아시아'라는 백영서의 시좌를 동북아의 민간 역량이 받아들일 필요가 있다고 본다. 그동안 동아시아 담론을 선구적으로 제시해온 백영서는 동아시아가 한 덩어리가 아니라 동아시아 내에서도 중심과 주변이 존재함을 밝히고 동아시아 내에서 모순이 가장 응결돼있는 '이중의 주변'[17]을 동아시아의 '핵심현장'이라고 규정했다. 따라서 이러한 동아시아 '핵심현장' 문제가 동아시아의 민간사회가 관심을 갖고 우선적으로 다루어야 할 동아시아의 실천과제로 떠오르는 것이다.[18]

이러한 관점에서 본고는 중국 동북지역 특히 길림(吉林)을 국제관계의 모순이 응결되어 상대적으로 저발전에 이른 동아시아의 대표적 핵심현장으로 본다. 실제 주민들의 경제수준을 평가해보면 길림은 동부 연해 지역 중심의 중국 개혁개방의 경제발전 과정에서 상대적으로 소외된 대표적 지역 가운데 한 곳이다.

아래 표에서 보듯이 1인당 소득수준을 보면 중국의 31개 성급(省級) 지방 가운데 길림성 등 동북3성은 개혁개방 이전에는 상위권이었다가 개혁개방이 진행되면서 점점 떨어져왔다는 점을 알수 있다. 더욱 황당한 것은 동북진흥 정책이 수립되던 2003년 즈음에 길림성 등 동북3성의 1인당 소득수준 전국의 중위권 수준이었는데 동북진흥 정책이 지속적으로 실시된 이후인 2020년 현재는 오히려 하위권으로 떨어진 상태라는 점이다.

---

17 이중의 주변이란 세계체제 하에서 주변부인 동아시아도 그 안에서 중심부와 주변부가 따로 있어 동아시아의 주변부는 사실상 이중의 주변부라고 부를 수 있다는 것이다.

18 백영서, 『핵심현장에서 동아시아를 다시 묻다: 공생사회를 위한 실천과제』(서울: 창비 2013).

<표> 전국 기준 동북3성의 1인당 GDP 순위

구분		1978	1995	2003	2020
동북3성의 1인당 GDP순위	요녕성	4	7	8	15
	길림성	7	14	13	24
	흑룡강성	5	10	10	30

자료원) 中华人民共和国国家统计年鉴各年度

그만큼 길림성 등 동북3성 지역은 연해지역 등 발전 지역과의 격차를 좁히기는커녕 오히려 그 격차가 더 커졌다는 것으로 2003년부터 지속적으로 추진된 동북진흥 정책은 지역격차 축소에 사실상 큰 효과를 발휘하지 못했음을 의미한다.

길림은 또한 구조조정을 당하는 국유기업 노동자들의 파업이 지속적으로 발생해왔다. 예컨대, 2009년 발생한 통강(通鋼)사건은 국유기업의 구조조정 과정에서 민영화에 반대하는 노동자들이 집단적으로 저항한 대표적 사건이다.[19] 통강은 이후 또 다른 국유기업인 수강(首鋼)에 통합된 뒤에도 경기침체의 영향으로 자금난을 겪어 임금이 체불되자 2016년에도 노동자들이 시위를 벌이기도 했다.[20] 중국 정부의 길림성 산업 구조조정으로 합병 또는 파산 가능성이 제기되면서 노동자 시위가 계속 촉발된 것이

---

19 박철현, "선양시 톄시구의 공간변화와 노동자", 『중국관행웹진』 Vol.38 (2013). https://aocs.inu.ac.kr/ko-KR/commu/commu04-1.php?exec=view&no=297

20 "[디퍼] 구조조정 폭풍전야, 중국 광부들의 향배는?" 『KBS NEWS』 2016.6.11. https://news.kbs.co.kr/news/view.do?ncd=3293761

다. 이 밖에도 길림성에서는 택시 노동자들이 파업을 벌이기도 했고 최근에는 택배 노동자들이 시위를 벌이는 등 노동자들의 저항이 계속 발생하고 있음이 알려지기도 했다.

이렇게 경제사회적 어려움으로 인해 길림성은 끊임없이 노동인구가 밖으로 유출되어 인구가 계속 감소하고 있는 지역이기도 하다. 최근 인구센서스 조사에 따르면 길림성의 총인구는 2020년 기준으로 2047만여 명으로 10년 전에 비해 337만 9천여 명이 감소한 것으로 나타났는데 이는 10년 동안 전체 인구의 12.31%가 줄어든 것이다.[21] 이처럼 길림성의 경제사회적 지위는 개혁개방 이전 중국에서 상위권을 유지하고 있었지만 개혁개방 이후에 오히려 점점 저하되는 경향을 보이고 있다.

그러나 길림은 북-중-러 국경지대로서 현재 저발전 상태에 있지만 북-미관계와 남북관계 등 국제환경이 개선될 경우 초국경 연계협력의 확대를 통해 대대적인 개발이 예상되는 곳으로 잠재적으로 중국경제의 새로운 성장거점이자 동북아 경제통합의 주요 전략거점으로 등장할 가능성이 매우 높은 지역이다. 이미 중국 당국은 초국경 연계협력을 통한 대대적인 개발 예정 지역으로서의 길림의 잠재성에 주목하고 북-중-러 초국경 지역을 중심으로 한 새로운 성장 기반을 구축하는 계획을 수립했다. 대표적인 것이 창춘(長春)과 지린(吉林), 투먼(圖們)을 연결하는 길림성의 '창

---

21 "2021吉林经济发展研究报告"『21世纪经济报道』2021年7月13日. https://finance.sina.com.cn/china/dfjj/2021-07-13/doc-ikqciyzk5153931.shtml

지투(長吉圖)개발계획'이다.[22] 이 계획은 바로 이러한 북-중-러 초국경 연계 개발 프로젝트의 성격을 갖는 것으로서 성(省) 정부 차원에서 진행되지만 동북진흥의 하위 계획으로 사실상 국가급 프로젝트라고 할 수 있다.

이처럼 길림은 동북아의 대표적인 저발전 지역 즉 '핵심현장'으로서의 성격을 갖는 동시에 향후 개발이 대대적으로 이루어질 가능성이 높은 개발 유망 지역이다. 그만큼 길림은 오랜 저발전에 대한 상대적 박탈감이 크고 개발에 대한 기대감과 이익을 추구하는 욕망이 강하게 작동할 것이다.

2) 한중 협력의 새로운 동력, 부산-길림 민간 네트워크 구축

한반도의 동남쪽 끝 부산은 해양과 대륙을 잇는 '가교'의 정체성이 발현되는 곳으로 이러한 해양과 대륙의 연결을 통해 욕망을 실현하려는 사람들을 받아들이고 연결해주는 역할을 하는 동아시아 인적, 물적 교류의 핵심 도시이다. 만약 향후 동북아의 냉전구조가 완전히 해체된다면 중-북-러 국경지역인 길림성은 수익성 높은 개발 유망지로 급속하게 변할 가능성이 크고 부산은 이러한 북방 개발의 교두보 역할을 할 가능성이 크다.

---

22 자세한 내용은 다음을 참조하라. 원동욱·강승호·이홍규·김창도, 『중국의 동북지역 개발과 신북방 경제협력의 여건』(서울: 대외경제정책연구원 2013), pp.49-55.

그러나 향후 부산이 단순히 국가의 이익과 자본의 이익을 실현하기 위한 북방개발의 교두보 역할에 머무른다면 설사 냉전구조가 해체되어 외형상으로 동북아의 분단이 해소될 수 있는 것처럼 보여도 실제로는 또 다른 더 큰 갈등의 씨앗을 심는 일일 수 있다. 따라서 평화롭고 지속가능한 동북아 협력구조와 새로운 한반도 체제를 만들기 위해서는 부산과 길림 이 두 지역을 잇는 새로운 상상이 필요하다. 본고는 이러한 차원에서 부산과 길림 (특히 길림의 핵심 도시) 사이에 도시(지역) 네트워크를 구축하고 이러한 민간 영역 사이의 촘촘한 네트워크 체제를 구축할 것을 제안한다. 이러한 부산과 길림 두 지역 사이의 민간네트워크 구축을 통해 한반도와 동북아를 잇는 다양한 소통과 협력의 길을 모색하면서 평화롭고 지속가능한 동북아 협력구조와 새로운 한반도 체제 구축의 토대를 만들어나가자는 것이다.

본래, 도시 사이의 네트워크 즉 '네트워크 도시'란 지역적으로 가까운 독립적 도시들이 상호보완적 협력을 통해 집적의 외부경제를 달성하는 체제를 의미한다.[23] 즉 네트워크 도시는 개별 도시들이 자신의 특화된 산업을 육성시킬 수 있는 역량을 강화시키는 한편, 지역적으로 인접한 다른 도시나 지역들과의 교통 및 통신 인프라 등의 확충을 통해 상호연계성을 증대시키고 도시(지역) 간 협력을 촉진함으로써 효율적이고 체계적인 공간적 분

---

23 D. F. Batten, "Network cities: creative urban agglomerations for the 21st-century", *Urban Studies*, 32:2(1995), pp.313-327.

업구조를 구축할 수 있다.[24] 이러한 네트워크 도시 체제 즉 도시의 네트워크화는 한 국가를 넘어 인접한 국제사회에서도 나타나고 있다. 즉 도시(지역)들이 국제적인 도시네트워크를 형성하여 상호협력관계를 맺으면서 불필요한 경쟁을 서로 억제하고 상호 간의 이익증대를 도모하기 위한 것인데, 지리적 근접성과 경제적 보완성으로 인해 공간적인 경제효과도 크게 나타나고 있고 지역 주민들의 생활수준도 향상시키게 된다는 것이다.[25]

이 지점에서 이러한 초국가적인 도시 네트워크의 발전 모델은 반드시 '지속가능한 발전(Sustainable Development)' 모델이어야 한다는 것이 상기되어야 한다. 이는 경제적 가치뿐만 아니라 기대되는 환경적, 사회적 가치에도 관심을 두어야 한다는 것으로 단순히 경제적 성장만을 지향하는 것이 아니라 경제성장의 지속가능성과 더불어 환경보호와 사회발전을 아우르는 총체적인 발전 전략을 의미한다. 특히 국가이익을 최우선시하는 경향에서 벗어나기 위해 초국가적 도시 네트워크 구축에서 더욱 강조되어야 할 점은 사회적 지속가능성(social sustainability)이다. 사회적 지속가능성 개념에 내재된 추상적이고 포괄적인 특징으로 인해 측정의 어려움이 있는 것이 사실이지만, 이는 사회적 측면의 고려가 현저

---

24 네트워크 도시이론에 따르면, 상대적으로 작은 규모의 도시가 오히려 전문적인 기능이나 고차원적 기능을 가질 수 있는데 왜냐하면 개별 도시의 역할과 기능은 그 도시의 크기보다는 도시 간의 상호보완성에 좌우되는 것으로 보기 때문이다. 최병두·엄진찬·채은혜, "영남권 도시들의 특화산업과 산업연계: 네트워크도시이론에 바탕을 둔 분석", 『한국경제지리학회지』 17권 4호(2014), p.719.

25 이호영, "동북아지역 도시네트워크화와 항만도시 부산의 대응전략", 『경제연구』 11권 1호(2002), p.99.

히 부족했음을 의미하기도 한다. 사회적 지속가능성에 차원에서는 단순히 사회유지의 차원을 넘어서 기본적인 욕구의 실현뿐 아니라 '고차원적인 삶의 질 향상'에 주안점을 둔다. 이는 형평성에서부터 권력과 자원의 분배, 고용, 교육, 기초 인프라와 서비스 공급, 자유, 사회적 정의, 의사결정에의 참여, 역량 강화 등에 이르기까지 유무형의 다양한 사회적 욕구가 포함된다.[26]

그렇다면 상술한 것처럼 국제적인 도시(지역)네트워크의 지속가능한 발전 특히 사회적 지속성을 구현하기 위해서는 어떻게 할 것인가? 본고는 주민공동체 즉 시민의 참여와 개입이 절대적이라고 본다. 동아시아 지역에 이를 대입하여 말한다면 즉, '동아시아 시민주의(East Asia Cosmopolitanism)'의 구현이다.[27] 동아시아에서 시민사회의 보편적 공공성에 부합하는 도시(지역)협력 체제를 만들자는 것이고 이를 위해서는 동아시아의 각 도시(지역) 사이의 초국가적 민간네트워크를 구축하자는 것이다.

예컨대, 동북아의 도시(지역) 사이에 경제협력 등 아무리 실질적인 협력이 증대된다고 하더라도, 이러한 방안이 어떤 도시(지역) 사회이든 그 주민공동체에 고통을 가져온다면 이는 사회적 지속성을 담보할 수 없고 시민들의 저항을 야기할 것이다. 따

---

26 송주연·임석회. "도시의 질적 발전을 위한 사회적 지속가능성의 이론적 탐색", 『대한지리학회지』 50권 6호(2015), p.679. 기존 연구들에서 공통으로 지적되는 것처럼 사회적 지속가능성(social sustainability)에 관한 연구는 경제적, 환경적 지속가능성에 비해 상대적으로 간과되어 왔고 핵심 이슈에서 경제와 환경 논의에 의해 우선순위에서 밀려나 있었다.

27 서병훈·김비환·김병곤·장현근·심승우·김현주. 『동서양의 통섭과 동아시아 시민주의의 이론적 토대』 (서울: 경제·인문사회연구회 2014).

라서 동북아라는 공간에서 도시(지역) 사이의 경제협력 등 실질적인 협력과 사회적 지속성을 동시에 구현하기 위해서는 도시(지역) 네트워크 주민공동체와 시민사회가 자발적으로 '공공재'(public good)를 생산할 수 있고 그 경험을 축적하여 지속적으로 도시(지역) 문제를 해결하는 데 참여, 개입할 수 있어야 한다. 한마디로 동북아 도시(지역)네트워크라는 동아시아 공간에서 주민공동체 및 시민사회의 다양한 집단들 사이의 민간 교류와 협력 네트워크를 구축할 필요가 있다.

이러한 차원에서 해양과 대륙의 가교 역할을 하는 동아시아 핵심도시 부산이 동북아의 핵심 현장으로 향후 대대적인 개발이 유력시되는 길림 사이에 초국가적인 민간네트워크를 단단히 구축해 두 도시(지역) 사이의 경제협력 등 실질적인 협력과 사회적 지속성을 동시에 구현할 필요가 있다. 이처럼 부산과 길림이 초국가적으로 민간네트워크를 단단히 구축할 경우 길림의 지역 주민공동체의 삶을 우선적으로 고려하는 인본주의의 가치를 공유하며 동북아협력을 추진할 수 있을 것이다. 한국의 입장에서 보면, 길림 등 북한과 인접한 중국 동북 지역에서 우선 지역 주민공동체의 삶을 우선적으로 고려하는 인본주의적 분위기가 형성되어야 향후 북한의 개혁개방이 본격화되었을 때도 북한 주민의 삶을 훼손하지 않는 투자와 경제협력 체제를 구축하는 데 보다 용이할 것이다.

3) 부산-길림 민간네트워크를 어떻게 구축할 것인가?

그렇다면, 부산-길림 민간네트워크를 어떻게 구축할 것인가? 본고는 한중협력 그리고 동북아 협력의 새로운 주체로 부산과 길림(혹은 길림의 주요 도시)의 주민공동체 대표, 전문가, NGO 등 민간 역량을 내세울 것을 제안한다. 오늘날이 과거와 다른 것은 비국가 행위자(Non-state Actor)들의 위치와 역할이 점차 증대한 것이다. 일단, 한중협력 그리고 동북아 협력에서 국가 간에는 국익을 둘러싼 치열한 함수관계가 성립되지만, 각국의 도시들은 국가의 경계를 넘어 이해를 같이 할 수 있을 것이다.

각 도시의 주민공동체 대표는 각 도시 주민들의 생각과 이해를 대변하는 대리자들이다. 전문가들은 전문적 지식에 기반하여 합리적이고 공공적인 성과를 추구하고 NGO들은 초국가적인 도덕성과 보편적 가치를 추구함으로써 국가이익을 뛰어넘는 공익적인 성과를 추구할 수 있을 것이다. 더욱이 과거에는 국가의 이름으로 소수의 권력 집단에 의해 국가 간 관계가 좌우되었지만 이제 다양한 능력을 가진 시민 개개인의 역할도 중요해졌다. 이렇게 한중 양국 도시의 주민공동체 대표, 전문가, NGO 등 다양한 민간 주체가 결합된 민간 역량이 동북아 협력의 새로운 주체로 나선다면 국가 중심의 기존 동북아 협력의 난제들을 돌파할 실마리를 만들 수 있다.

이러한 차원에서 부산과 길림의 민간네트워크 구축은 경제적

이익을 최우선시하는 '경제주의'적 접근법을 지양하고 '동아시아 시민주의'의 시각에서 '도시(지역) 민간 네트워크'라는 방식으로 부산과 길림의 주민공동체 대표, 전문가, NGO 등이 다채로운 네트워크를 구축하여 새로운 개념의 대안적 동북아 미래공동체를 모색하자는 것이다. 따라서 이러한 취지의 부산-길림 민간 네트워크는 길림 등 동북지역을 대상으로 한국과 중국 사이의 다양한 협력 영역에서 사회적으로 지속가능한 방안을 심도 깊게 논의하고 그로부터 얻어진 대안적 방안에 기초하여 향후 실제 한중 협력 특히 부산과 길림의 지역협력 과정에 적극적으로 참여할 필요가 있다.

부산-길림 사이의 민간네트워크가 논의할 주제는 매우 다양하겠지만 본고는 아래와 같이 '외교', '경제', '사회문화'의 세 가지 영역에서 우선적으로 논의할 정책과제를 예시로 설정해 보았다. 이러한 주제들은 부산-길림 사이의 민간네트워크가 인본주의의 가치를 근간으로 하여 사회적 지속가능성을 고려해 실효성 있는 정책대안을 우선적으로 마련해야 하는 본 연구의 취지에 부합되는 이슈들이다.

예컨대, 외교영역에서는 부산과 길림의 민간 네트워크를 구축하여 도시외교, 공공외교, 인간안보, 민간외교 등을 키워드로 하여 주요 정책과제를 설정하고 이에 대한 깊은 연구와 논의를 진행하여 인본주의에 기초한 대안적 외교 패러다임을 만들어보자는 것이다. 도시외교는 세계화 과정에서 나타난 기후위기, 전염병, 글로벌 범죄 등 초국가적 도시 문제 해결을 궁극적인 목표로

〈표1〉 부산–길림 민간네트워크에서 논의할 정책과제 예시

영역	키워드	주요 정책 과제
외교	▲도시외교 ▲공공외교 ▲인간안보 ▲민간외교	- 부산과 길림의 도시외교 평가와 민간협력 방안 - 온라인 민족주의와 부산/길림의 디지털 공공외교 - 부산과 길림의 환경정책과 인간안보 평가 - 코로나19 시기 부산과 길림의 방역정책과 인간안보 - 부산-길림 민간외교 네트워크 구축과 동북아 평화 실천 프로그램
경제	▲지속가능한 발전 ▲사회적 경제 ▲사회적 기업 ▲기업의 사회적 책임(CSR)	- 길림의 지속가능한 경제 발전과 부산-길림 협력 - 길림의 사회연대 경제 활성화 방안과 부산의 역할 - 부산 사회적 기업의 길림 협력 방안 길림 투자 한국 기업의 사회적 책임(CSR)
사회 문화	▲문화소통 ▲다문화 역사 ▲다민족 연대 ▲공정여행	- 부산-길림의 공감적 문화소통 플랫폼 구축 방안 - 길림과 부산의 다문화 역사 개발과 교류 - 다민족 연대 문화 조성을 위한 사회인프라 구축 - 길림 공정여행 방안

각국 지방의 다양한 행위자가 주체가 되는 새로운 외교 패러다임이다.[28] 부산과 길림의 민간사회가 이러한 초국경 도시 문제에 대한 협력 방안을 만들어 도시외교 차원으로 합의점을 만들어나가자는 제안이다.

상대국가 국민들을 설득할 목적으로 진행되는 공공외교는 문화, 지식, 정보, 과학기술 등의 자원이 중요하며 따라서 다양한 정부 기관들은 물론이고 시민단체나 기업, 교육 및 과학기술 단체 등 민간 조직과 다양한 전문가와 활동가 그리고 네티즌 등 시

---

[28] 이에 대한 자세한 설명은 다음을 참조하라. 이민규, 『도시외교 메커니즘과 발전방향』(서울연구원 2020).

민사회의 전 구성원이 함께 참여해야 한다. 특히 온라인을 중심으로 애국주의적 민족주의가 극심한 한중 양국의 상황을 고려할 때 부산과 길림의 민간사회가 온라인을 중심으로 한중 교류를 실시하는 디지털 공공외교 방안을 함께 논의할 필요가 있다.

국가이익을 중시하는 전통적 안보개념과는 달리 인간의 생명과 존엄을 보호하는 것을 궁극적인 목표로 삼는 인간안보의 관점은 환경 문제. 전염병, 빈곤 문제와 같이 인간의 생명과 존엄을 위협하는 초국가적 안보 이슈를 광범위하게 다루는 것이다. 또한 인간안보 개념 하에서는 안보 불안을 해결하기 위해서는 대중의 참여가 필수적이다.[29] 따라서 부산-길림 민간네트워크 같은 초국가적 민간네트워크가 구축하여 지역공동체를 추구하면서 환경정책이나 방역정책 상의 협력을 추진하는 것도 중요하다.

경제영역에서는 우선 환경보호, 빈곤구제, 자원보존 등 경제개발과 성장을 창출하기 위한 방법들의 집합 '지속가능한 발전 (sustainable development)'의 관점에서 길림 지역의 경제 산업 상황을 지속적으로 분석하여 부산-길림 민간네트워크에서 그 해결 방안을 꾸준히 제시할 수 있다.

인간을 모든 관심의 중심에 놓고 일자리를 창출하는 사회적 연계를 중시하는 '사회적 경제(social economy)'는 수익과 사회적 가치의 균형에 기초하는 경제이다.[30] 사회적 경제는 협동조합,

---

29 서보혁, "인간안보에 있어서 국가의 역할 연구: 남북관계에의 적용 가능성", 『동북아연구』 27권 2호(2012), pp.75-78.

30 노대명, "한국 사회적경제의 현황과 과제-사회적경제의 정착과정을 중심으

NGO 그리고 사회적 기업이 주로 활동하는 영역인 만큼 부산과 길림의 협동조합, NGO, 사회적 기업 및 관련 전문가들이 초국가적 민간네트워크 구축을 통해서 다양한 협력 방안 논의를 진행할 수 있을 것이다. 특히, 부산의 경우 사회적 경제 지원센터를 독자적으로 운영하고 있을 정도로 사회적 기업들의 활동이 활발한 지역인 만큼,[31] 부산의 개별적인 사회적 기업들의 길림과의 협력 방안을 구체적으로 모색하는 것도 중요하다.

다만 향후 길림에 진출하는 한국 기업들의 다수는 사회적 기업이 아니라 수익성을 최우선시하는 일반 기업들일 것이다. 이러한 측면에서 강조해야 할 키워드는 '기업의 사회적 책임(CSR)'이다. 즉, 향후 길림 지역에 진출한 한국 기업의 대다수가 수익의 극대화를 최우선시하는 일반 기업일 상황에서 최소한 기업이 윤리경영과 지역사회 공헌 등 공익을 위한 사회적 책임을 다하도록 유도해야 한다. 따라서 부산-길림의 민간네트워크는 길림에 진출한 부산 기업의 사회적 책임(CSR) 수행에 관한 심도 있는 논의를 진행할 필요가 있다.

사회문화 영역에서는 무엇보다 부산과 길림이 지속적으로 문화적 소통을 이어갈 수 있는 방안을 모색해야 한다. 이러한 점에서 부산과 길림이 문화소통을 위한 구체적인 플랫폼을 구축하는

로", 『시민사회와 NGO』 5권 2호(2007), pp.37-39.

31 부산은 사회적 경제를 지원하는 〈부산광역시 사회적경제 지원센터〉를 독자적으로 운영하고 있다. 자세한 활동 내용은 〈부산광역시 사회적경제지원센터〉의 홈페이지(http://bsec.or.kr/)를 참조하라.

방안이 논의될 필요가 있다

더욱이 중국의 국경지역인 길림과 한국의 해양 관문인 부산이 갖는 다문화성에 우선 주목할 필요가 있다. 즉, 길림과 부산은 역사적으로 여러 문화가 공존해온 다문화 역사 공간이란 점에 착안해서 전체 동아시아의 관점에서 길림과 부산의 다문화 역사를 개발하고 상호 교류 방안을 논의해나가야 한다. 이를 배경으로 또한 부산과 길림을 다민족 연대 문화의 지역으로 만들 필요가 있다는 점에서 부산-길림 민간네트워크는 다민족 연대 문화를 조성하기 위한 구체적인 사회인프라 구축 방안을 논의해나가야 한다.

이러한 점에서 지역주민의 삶을 이해하기 위해 노력하는 윤리적인 여행 소비를 중시하는 공정여행 패러다임을 부산-길림 민간네트워크가 적극 논의하는 것도 필요하다. 길림과 부산은 오늘날 관광 산업이 큰 영역을 차지하는 지역이나 잘못된 관광 문화가 환경을 오염시키거나 주민의 삶을 파괴하기도 한다. 따라서 이런 문제점을 인식하고 부산-길림 민간네트워크가 공정여행 협력 방안을 논의함으로써 주민친화적이고 윤리적인 여행 문화를 조성해 나갈 필요가 있다.

4. 부산–길림 민간네트워크를 통한 남북중 협력 모색

시진핑 시대의 중국이 추진하는 일대일로의 중-몽-러 경제회랑은 중국 동북지역과 몽골, 러시아 등을 연결하는 개발전략이다. 한국 정부가 추진하는 '신북방정책'이 한반도와 대륙 사이의 연계를 핵심 목표로 하는 점을 고려한다면 한국의 신북방정책과 중국의 일대일로를 연결시키면 한반도를 관통하여 유라시아 대륙으로 연결되는 국제적인 통로가 건설되고 그 연접 도시에 다양한 경제무역 클러스터가 구축될 것은 주지의 사실이다. 이는 남북한, 중국, 러시아, 일본, 몽골 등 동북아 각국 사이의 경제협력이 더욱 활성화될 뿐만 아니라 동북아 권역 전체가 하나의 경제공동체로 나아가는 길이 될 것이 확실하다.

이러한 경로에서 길림과 북한은 한국과 유라시아 대륙을 연결하는 중간 지역으로 가장 우선적으로 개발되어야 할 중요한 지역 중 한 곳이다. 특히 길림의 지역 개발 방향은 인접한 북한 경제에 가장 큰 영향을 미치고 북한의 개혁개방에도 자극이 될 것으로 예상되는 만큼 매우 중요하다. 따라서 길림에 대한 해외로부터의 투자와 경제협력이 값싼 노동력을 활용해 국제투자자들이 부를 창출하는 '약탈적인 경협'이 되지 않고 지역 주민공동체의 삶을 증진시키고 지속가능한 개발이 될 수 있는 방안을 고려하여야 한다.

한국 사회는 중국 동북지역 개발이 한반도의 평화와 번영을 확보할 수 있는 장기적인 로드맵으로 이어질 수 있는 다양한 길을 제시할 수 있어야 한다. 한반도 남쪽에 위치한 부산은 20세기 한국전쟁을 피해 모여든 피난민의 도시이자 대륙과 해양을 잇는 지리적 위치로 인해 탈냉전의 시작점이자 동북아협력을 상징하는 국제도시이다. 이러한 점에서 부산의 민간사회가 부산-길림 민간네트워크를 구축하여 동북아의 핵심 현장인 길림의 지역 주민공동체의 삶을 우선적으로 고려하는 인본주의의 가치를 공유하며 주도적으로 길림의 지속가능한 개발을 제창하고 관련 방안 논의를 선도해 나갈 필요가 있다.

길림의 지역 개발 방향이 지역 주민공동체의 삶을 고려하는 지속가능한 개발로 명확히 설정된다면 이는 북한이 개혁개방에 나설 수 있는 장기적인 유인이 될 것이다. 이미 북한은 사회주의 산업화의 한계를 인식하고 시장 거래와 사적인 자본 투자를 허용하는 등 시장경제를 부분적으로 수용하면서 일상생활에서 자본주의적 가치가 중시되는 경향이 있다. 북한은 이미 1980년대부터 국가에 따라서는 공존할 수 있는 자본주의도 있음을 말해왔고 이후 전반적으로 자본주의를 포용하는 폭이 넓어져왔다.[32] 그러나 여전히 북한 주민들은 부정 일변도로 계속되어온 체제 내 사상교육 등으로 자본주의에 대한 경계심과 불신감도 갖고 있을 것이다.

따라서 북한과 인접한 길림 지역에서 부산-길림 민간네트워크

---

[32] 이에 대해서는 다음을 참조하라. 이우영, 『북한의 자본주의 인식 변화』 (서울: 통일연구원 2000).

주도로 인본주의의 가치에 기초한 길림의 지속가능한 개발 방안이 구현되도록 적극 노력해나간다면, 이는 향후 새로운 방향의 남북중 협력 방안을 만들기 위한 마중물이 될 수 있을 것이다. 즉, 부산-길림 민간네트워크가 길림에서 주도한 인본주의적 지속가능한 개발 방안이 향후 북한 개발에도 적용 가능할 것이다.

예를 들면, 부산-길림 민간네트워크를 북한의 나선 지역으로 확대하여 활용한다면 중앙정부 차원이 아니라 지방(도시)의 관점에서 그리고 민간사회의 관점이라는 새로운 틀의 남북중 협력 방안 제시가 가능할 것이다. 이는 국가이익과 기업수익의 관점과는 다른 동북아 전체의 지속가능한 발전이라는 관점에서 초국가적 도시협력 그리고 초국가적 민간협력 모델을 만들어내는 것이다.

이러한 관점에서 부산-길림 공동의 방식으로 대(對)북한 도시외교, 공공외교가 가능할 것이며 인간안보의 관점에서 남북중 협력 방안을 다양하게 모색할 수 있을 것이다. 경제 영역에서도 부산-길림 민간네트워크는 북한의 경제개혁과 개발 방안에 대한 대안적 모델을 제시해 나갈 수 있다. 또한 부산-길림 민간네트워크는 북-중-러 국경 지역 및 인근 북한 지역에서 사회적 경제를 활성화하는 방안이나 향후 투자 기업의 사회적 책임(CSR) 활동을 활성화하는 방안 등을 제안할 수 있을 것이다. 사회문화적으로는 부산-길림-나선 특구의 문화협력 시스템을 구축하는 방안이나 나선 관광 특구 지역을 중심으로 공정여행업의 활성화 방안을 부산-길림 민간네트워크가 논의해 나갈 수 있다.

모든 사람들이 북한 핵 문제가 완전히 해결되어야 이후 한반도와 동북아의 평화 번영이 가능하다고 믿는다. 하지만 역으로 동북아에서 특히 북한에 인접한 중국 동북지역에서의 한중 사이의 협력 공간을 창출하여 북한을 에워싸는 방식으로 북한을 협력의 틀로 끌어낼 필요가 있다. 특히 국가이익을 우선시하는 중앙정부 대신 부산-길림 민간네트워크라는 방식의 초국가적 지역(도시) 민간네트워크가 인본주의의 가치를 공유하면서 지역 주민공동체의 삶을 고려하는 외교·경제·사회문화 협력 방안을 제시한다면 북한을 남북중 협력에 참여시킬 모멘텀을 만들 수 있을 것으로 기대한다. 이를 위해서는 우선적으로 부산-길림 민간네트워크가 구축되어 동북아의 핵심 현장인 길림의 지역 주민공동체의 삶을 우선적으로 고려하면서 길림의 지속가능한 발전을 위해 꾸준히 노력할 필요가 있다.

저자 소개

신정승(辛正承)

현재 동서대학교 석좌교수로서 동아시아연구원장을 맡고 있다. 제9회 외무고시(1975)를 거쳐 주 미국 대사관 1등 서기관, 외무부 중국과장(1990), 주일본 참사관(1994), 주 중국 공사(1999)와 외교통상부 공보관 겸 대변인(2001) 그리고 아시아태평양국장(2002)을 지냈다. 이어 주 뉴질랜드 대사(2004)와 경기도 국제관계 자문대사(2007)를 역임하였으며 주 중국 대사(2008)를 마지막으로 2010년 현직에서 은퇴하였다. 이후 2010년 12월 국립외교원의 중국연구센터를 창설, 2015년 6월까지 초대 소장으로 근무하였다.

김연철(金鍊鐵)

성균관대 정치외교학과를 졸업하고, 정치외교학과 대학원에서 북한의 정치경제로 박사학위를 받았다.(1996.8) 삼성경제연구소 북한연구팀 수석연구원, 통일부 장관 정책보좌관, 통일연구원 원장, 통일부 장관을 역임하였다. 현재 인제대학교 통일학부 교수이며, 한반도평화포럼 이사장을 맡고 있다. 저서로는『북한의 산업화와 경제정책』(2001),『협상의 전략』(2016),『70년의 대화: 새로 읽는 남북관계사』등이 있다.

김진영(金晉英)

현재 부산대학교 정치외교학과 교수로 재직 중이다. 부산대학교 정치외교학과 졸업 후 미국 시러큐스 대학(Syracuse University)에서 정치학 석사와 박사학위를 취득하였다. 외교부 정책자문위원을 수년간 역임하였고 국방부 정책자문위원, 대통령자문 정책기획위원 등을 역임하였다. UC Berkeley 동아시아연구소(IEAS) 방문학자와 호주 국립대의 리서치 펠로우로 활동하였고, 부산대학교 중국연구소 소장을 역임하였다. 단독 저서『신자유주의의 쇠퇴와 그 이후: 자본주의4.0과 베이징컨센서스를 넘어』, 공저 Political Economy of Northeast Asia Regionalism 등이 있고, 기타 국제정치경제와 동아시아국제관계에 관한 다수의 연구논문들이 있다. 중국 영자지 China Daily에 객원칼럼을 쓰기도 하였다.

왕샤오커(王箫轲)

길림대학교 국제정치학과 학사, 석사, 세계경제학과 박사. 현재 길림대학교 동북아연구원 국제정치연구소 부교수, 박사학생 멘토, 길림대학교 조선연구소 부소장이다. 주요 연구성과는「박근혜 집권 이후 한중관계 재평가」,『한국연구논총』2016년 2집, "Why Declaring a Symbolic End to the Korean War? The Significance of Dual-Track Evolutionary Processes and the Importance of Contents and Participants", *East Asian Community Review*, 2018(4)이다.

장후이즈(张慧智)

길림대학교 경제학 학사. 경제학 석사. 조선 김형직사범대학 연수, 한국경희대학교 관리학 박사. 길림대학교 동북아연구원 부원장이었고 현재 길림대학교 동북아연구센터 부주임이며 길림대학교 조선한국연구소 소장이다. 주요저서는『冷战坚冰何以消融-大国的朝鲜半岛政策透视』,『대국관계 중의 조선반도』, *Trump Administration's Korean Nuclear Crisis Management and Prospects for Solution*,『중미경쟁배경하 중한, 미한 관계 발전방향 및 한국의 선택』등이 있다.

홍제환(洪制煥)

서울대학교 경제학부 학사, 석사, 박사. 2016년부터 통일연구원 북한연구실 연구위원으로 재직 중이며, 현재 북한연구실장을 맡고 있다. 주요 연구로는『북한 민생 실태 및 협력 방안』(공저, 통일연구원, 2018),『국제 비교를 통해 본 북한의 생활수준』(공저, 통일연구원, 2019),『남북경협 발전 잠재력과 정책 과제』(공저, 통일연구원, 2019),『북한의 인구변동: 추세, 결정요인 및 전망』(공저, 통일연구원, 2020),『북한개발협력과 지속가능발전목표』(공저,

오름, 2020) 등이 있다.

피아오잉아이(朴英愛)

길림대학 경제학원 경제학 학사, 길림대학 마르크스 학원 석사, 한국 국립 부경대학교 경영학 박사 취득, 현재 길림대학 동북아 학원 세계경제 연구소 교수로서 조선반도 남북한 경제, 남북 경제협력, 동북아 경제 협력 특히 자원환경 협력 내지는 동북아 해양협력 등 분야의 연구를 주로 하고 있으며 주요 저서로서는『동북아 해양생물자원 자산화 관리와 협력연구』,『한국 중소기업정책 연구』등이 있고 길림대학 사회과학학보, 동북아논담, 사회과학전선 등 간행물에「저탄소 경제와 배출권 거래제도」,「중일한 예금보호제도의 비교분석」,「중국의 일대일로와 한국의 유라시아 이니셔티브의 연계」등의 논문을 발표하였다.

김세윤(金世潤)

한양대학교 법학 학사, 미국 서던캘리포니아대학교 법학 석사, 중국 지린대학교 동북아연구원 세계경제 박사연구생. 현재 지린대학교 외국어학원 외국인교수(外敎)로 재직 중으로, 중국 지린사범대학교 외국어학원 외국인교수(外敎), 중국 후난공상대학 중한이학문화융합발전혁신센터 학술이사, 2021년도 한국학진흥사업 '해외한국학씨앗형사업' 연구원(중국 지린사범대학) 등을 역임 내지 활동 중이며,『인문사회과학연구』,『한국과 국제사회』등 간행물에「구글트렌드를 활용한 중국의 일대일로의 국제성 분석」,「'일대일로'에 대한 비판지정학적 고찰에 관한 연구: 행위자-네트워크 이론(ANT)을 중심으로」등 논문을 발표하였다.

진샹단(金香丹)

지린재경대학 이학학사, 지린대학 경제학 석사, 지린대학 경제학 박사, 지린대학 경제학 박사후연구원으로 근무하였고 현재는 지린대학 동북아연구원 조교수로 재직 중이다. 주요 저서로는『한미FTA가 한국에 미치는 영향』, 주요 논문으로는「트럼프정부 무역보호주의-중일한 FTA협상의 기회와 도전」,「트럼프정부 한미자유무역협정 개정의 원인과 영향」,「중국과 한반도 경제관계-현황과 전망」 등 다수가 있다.

예동근(芮东根)

부경대 중국학과 교수. 2019년 2월~2021년 2월 지역사회학회 회장을 역임
하였고, 현재 동아시아사회학회 한국법인 이사, 한국사회학회 국제이사로
활약하고 있다. 부산일보에 고정칼럼 "예동근의 자투리생각", 중국인민일보
조선어인터넷판 정음칼럼에 칼럼리스트로 활약하였다. 글로벌국경문제, 도
시문제, 다인종사회에 관심을 갖고 연구를 진행하고 있으며, 10권의 공저,
역저를 출판하였다.

시엔춘시(玄春姬)

지린대학교 경영학 학사. 경제학 석사. 고려대학교 경제학 박사. 중앙대 한
국전자무역연구소, 고려대학교 아세아문제연구소에서 근무하였다. 2018
년부터 지린대학교 동북아연구원에서 교편을 잡았고, 현재 지린대학교
동북아학원(동북아연구원)에서 부교수로 재직 중이다. 주요 논문으로는
"Structural breaks in the mean of dividend-price ratios: Implications of learning
on stock return predictability", *Japan and the World Economy*, 2020, "New
Dynamics of Consumption and Output", *Journal of Macroeconomics*, 2019 등
이 있다.

장옌저(张晏輒)

1981년생, 영국 선더랜드대학교 경영학 학사, 영국 요크대학 행정학 석사,
영국 선더랜드대학교 공공정책 석사, 호주 캔버라대학교 행정관리 박사. 랴
오닝대학 조교수, 호주와 뉴질랜드 행정대학원(Australian and New Zealand
School of Government) 중국×호주 공공관리연구센터 주임, 호주 캔버라
대학교 공공관리 및 공공정책연구센터 위원회 위원 및 석사 지도교수, 호
주와 뉴질랜드 행정대학원 박사지도 교수 등 역임하였고 현재는 지린대학
동북아연구원 부교수 및 박사생 지도교수이다. "Evaluation of Long-Term
Care Insurance Policy in Chinese Pilot Cities", "Learning by Doing-the Case of
Administrative policy transfer in China" 등 다수의 논문과 *Theory and Practice*

of Policy transfer in A Changing China, *Understanding the Korean Peninsula* 등의 저서가 있다.

권태상(權泰相)

경북대학교 철학과 학사, 동국대학교 대학원 북한학 석사·박사. 2018년부터 부산연구원에서 남북협력분야 연구를 담당하고 있으며 대표 논문 및 저서로는 「해방 이후 북한의 사회주의 이행노선 논쟁 연구 : 전후 급진적 사회주의 이행의 기원」(동국대학교 북한학연구소, 2017), 「한국전쟁기 북한의 국가-마을관계연구」(한국평화연구학회, 2018), 「부산의 남북경제협력 대응방안 연구」(부산연구원, 2019), 「부산의 특화분야별 지식·인적 남북교류협력 프로그램 개발연구」(부산연구원, 2020), 「부산의 남북 협력도시 선정 및 협력방안」(부산연구원, 2021) 등이 있다.

이홍규(李弘揆)

한국외국어대 문학사, 서강대 대학원 정치학 석사, 중국사회과학원 대학원 법학 박사. 현재 동서대학교 캠퍼스아시아학과 교수 겸 동서대학교 중국연구센터 소장직을 맡고 있다. 주요 저서는 「중국모델론」(공저, 2008), 「한-중 FTA와 동아시아 지역주의」(공저, 2009), 「체제전환의 중국정치」(공저, 2010), 「중국의 동북지역 개발과 신북방 경제협력의 여건」(공저, 2013) 등 다수가 있다.

동북아정세의 변화와 남북중 협력의 모색

초판 1쇄 발행 2021년 10월 25일

지은이 동서대학교 동아시아연구원 중국연구센터 & 지린대학교 동북아연구원
펴낸이 강수걸
기획실장 이수현
편집장 권경옥
편집 윤소희 김리연 신지은 오해은 강나래
디자인 권문경 조은비
경영관리 공여진
펴낸곳 산지니
등록 2005년 2월 7일 제333-3370002510020005000001호
주소 부산시 해운대구 수영강변대로 140 BCC 613호
전화 051-504-7070 | 팩스 051-507-7543
홈페이지 www.sanzinibook.com
전자우편 sanzini@sanzinibook.com
블로그 http://sanzinibook.tistory.com

ISBN 978-89-6545-757-2 03300